重塑区块链经济下的
数字世界信任与交易

邓志娟◎著

辽宁大学出版社 | 沈阳
Liaoning University Press

图书在版编目（CIP）数据

重塑区块链经济下的数字世界信任与交易/邓志娟

著. --沈阳：辽宁大学出版社，2024．12．--ISBN

978-7-5698-1798-0

Ⅰ.F713.361.3；F49

中国国家版本馆 CIP 数据核字第 20245C6E85 号

重塑区块链经济下的数字世界信任与交易

CHONGSU QUKUAILIAN JINGJI XIA DE SHUZI SHIJIE XINREN YU JIAOYI

出 版 者：辽宁大学出版社有限责任公司

　　　　　　（地址：沈阳市皇姑区崇山中路 66 号　　邮政编码：110036）

印 刷 者：定州启航印刷有限公司

发 行 者：辽宁大学出版社有限责任公司

幅面尺寸：170mm×240mm

印　　张：16

字　　数：250 千字

出版时间：2024 年 12 月第 1 版

印刷时间：2024 年 12 月第 1 次印刷

责任编辑：金　华

封面设计：高梦琦

责任校对：张　茜

书　　号：ISBN 978-7-5698-1798-0

定　　价：98.00 元

联系电话：024-86864613

邮购热线：024-86830665

网　　址：http://press.lnu.edu.cn

前　言

　　区块链是一种革命性的技术，通过分布式和去中心化的方式重新定义了数据存储和交换方式。它的核心在于建立信任和可验证性，通过加密和共识算法保障数据的安全和真实性。它不仅能够重新定义传统商业模式，还有可能改变人对数据所有权、隐私保护和权力分配的理解。

　　然而，区块链也并非万能的。虽然区块链在金融、供应链、物联网等领域有巨大潜力，但也面临诸多技术挑战，如扩展性、能源效率等问题。不仅如此，它还面临着技术挑战、法律法规的限制以及社会接受度等问题。在探索区块链的潜力时，人们应该平衡其优势与限制，并密切关注它对社会、经济和法律等领域的深远影响。

　　区块链的本质是一种新型的信任基础，但并非适用于所有场景。它在数据共享、交易透明性等方面的优势是不容忽视的，但在处理大规模数据和高吞吐量方面仍然需要突破。随着技术的不断演进，还会出现更多有创意的应用，同时需要解决与之相伴的隐私、安全和可持续性问题。

　　本书共分为八章：

　　第一章作为引论，主要介绍了区块链经济的背景，以及数字世界中存在的挑战和机遇。

　　第二章对区块链技术进行了全面解析，涵盖了其基础概念、工作原理、公有链与私有链的差异，以及智能合约和分布式应用（DApp）的应用。

　　第三章从传统信任模型出发，探讨了区块链如何通过去中心化的方式构建信任，实现信任的世界，并分析了其对社会和经济行为的影响。

第四章重点关注区块链在数字交易中的应用，包括跨境支付、供应链管理、证券交易结算以及电子合同与版权管理等领域。

第五章研究了加密货币，以比特币为例，探讨了其货币属性和经济影响，并介绍了稳定币和中央银行数字货币（CBDC）的兴起。

第六章探讨了数字身份的问题，指出了传统身份认证模式的局限，介绍了数字身份在区块链技术下的应用，以及其对社会和个人的影响。

第七章分析了区块链的可持续性问题，如能源消耗，同时探讨了其对社会公平、治理和教育的影响。

第八章着眼于未来，探讨了Web3.0、开放金融（DeFi）和元宇宙等概念，以及区块链经济的新方向。

全书的主旨是通过深入研究区块链技术及其在数字世界中的应用，展示区块链如何重塑信任与交易方式，影响经济、社会和未来的发展方向。通过对多个领域的分析，读者将能够更好地理解区块链在不同层面上的影响和潜力。

由于编者水平有限，书中难免存在不足之处，敬请各位同行和专家学者予以斧正。

邓志娟

2023 年 11 月

目　录

第一章 引论：
区块链经济与数字世界

第一节 数字世界的崛起与挑战

一、互联网降临

互联网的历史是一个充满变革和创新的故事，它起源于 20 世纪的冷战时期，经过多个阶段的发展，逐渐演变成了今天人们所熟知的网络世界。

互联网的初步构想可以追溯到 20 世纪 60 年代，当时美国国防部高级研究计划署（ARPA）提出了一个名为 ARPANET 的项目，旨在实现计算机之间的通信，以便在军事领域分享信息。这是互联网的雏形。

ARPANET 在 20 世纪 70 年代逐步发展壮大，连接了大学、研究机构和军事机构。这个时期见证了 TCP/IP 协议的引入，这一协议是现代互联网通信的基础协议。1983 年，ARPANET 正式采用 TCP/IP 协议，这一决策为互联网未来的扩展和发展奠定了基础。

进入 20 世纪 90 年代后，全球范围内开始建立起多个互联网服务提供商（ISP），使得个人用户能够接入互联网。1991 年，万维网（World Wide Web，WWW）的概念由蒂姆·伯纳斯－李（Tim Berners-Lee）提出，为互联网带来了革命性的变革，使信息更易于浏览和共享，互联网开始大规模进入民用领域，自此人类正式进入互联网时代。

根据 DataReportal、Meltwater、We Are Social 共同发布的《数字 2023 全球概览报告》（Digital 2023：Global Overview Report）所述，截至 2023 年，全球互联网用户数量已经达到 51.6 亿，占全世界总人口的 64.4%。

从内容方面来说，在互联网的早期阶段，其用途主要是实现高速的信息传递，大部分应用场景都集中在军事方面的信息化以及学术交流的层面，在进入商用与民用领域之后，除了信息传递之外，互联网也开始凭借出色的低延迟信息交换能力逐渐在内容终端方面崭露头角。

随着商业化的兴起，互联网开始为电子商务提供平台。在线购物、电子支付、在线广告等开始兴起，人们可以在线购买商品，进行金融交易。这为全球经济带来了新的商业机遇。

彼时的互联网内容门户主要是以文本和图像为主的静态网页呈现，主要应用有电子邮件、新闻和基本的信息检索。然而，随着浏览器的发展和宽带网络的普及，互联网进入 Web2.0 时代，用户可以更加方便地参与内容创作、社交互动和在线合作。这个阶段见证了社交媒体、博客、维基百科等用户生成内容的崛起，用户成为互联网生态中不可或缺的一部分，人们开始分享自己的观点、生活和知识，产生了庞大的用户生成内容。此时的互联网不再是一个简单的信息浏览平台，而是变成了一个充满参与和互动的生态系统。

2000 年后，以诺基亚的塞班系统（Symbian OS）以及黑莓的 BlackBerry OS 为代表的智能手机操作系统搭配算力不俗的小型计算芯片，使计算机开始从桌面运算设备过渡到移动便携式计算设备。

在 2007 年 6 月，移动终端设备的集大成者 iPhone 开始在北美地区发售。此时全球移动通信也已经进入 2G 时代，以此为标志，现代社会开始全面进入移动互联网时代，互联网从附庸慢慢成为社会信息交流的主体。

时至今日，全世界有多于六成的人口生活在互联网构筑的庞大信息库中，从搜索引擎到社交媒体、从电子商务到移动支付、从远程办公到流媒体，互联网已经彻底颠覆了几千年来人类所习惯的生活方式。借助于计算机与网络，人们构筑出一个真正的数字世界，每一天数以兆京计的电子信号穿梭于生活之中，现代化的数字化生态系统已经成为人们新的生活方式。

二、数字时代的新问题

互联网给人类社会带来了前所未有的高效，但是在其发展过程中也不断地涌现出很多极具争议的问题，如下面所列举的几个问题。

（一）信任问题

与日常生活不同的是，在互联网中进行信息交换或者交易的双方根本无法互相信任，导致在信息交换和交易时通常需要依赖中介机构来建立信任。中介机构在互联网上扮演连接和调解的角色，帮助交易双方建立信任，确保交易的顺利进行。

虽然在一定程度上中介机构的存在保障了交易的安全性，但是这种中介机构也常常成为信息流和交易的瓶颈。

第一，中介机构的介入通常会导致交易的延迟。交易经过中介机构的审核、处理和确认，会增加整个交易流程的时间成本，这在某些场景中尤为明显，如国际跨境支付、合同签订等。延迟不仅影响交易的效率，也可能导致交易方面临错失机会的风险。

第二，中介机构通常需要收取一定的费用，以维护他们的服务和信用。这些费用在很多情况下并不低廉，尤其是对于大规模交易或者涉及多个国家的交易而言。高额的中介成本增加了交易的负担，可能使得某些小额交易难以实现，也可能降低交易的效益。

第三，中介机构的参与还带来了信息安全和隐私风险问题。因为中介机构需要处理交易双方的敏感信息，一旦机构的安全性遭到破坏，用户的隐私和资金都可能面临风险。

第四，中介机构的失误或不端行为也可能导致交易的失败或双方的损失。

（二）安全性问题

在传统互联网上，数据和交易的安全存在多种威胁。首先，黑客攻击是一个重要问题。黑客通过各种手段侵入系统，窃取敏感数据，给个人、企业和政府带来了巨大的损失。其次，数据篡改也是一个令人担忧的问题。黑客可以篡改数据，导致信息不真实，甚至引发错误的决策。最后，数据盗窃问题同样严重，黑客窃取大量的个人隐私信息，可能用于不法用途，造成严重后果。

2018 年 3 月，前英国政治顾问公司 Cambridge Analytica 非法获取了数千万 Facebook 用户的个人信息，主要包括用户的公开个人资料信息，以及用户的喜好、性格等通过调查应用获取的私人信息。这些私人信息被其用来精确绘制用户画像，以非法牟利。

由于 Facebook 允许第三方应用通过 API 访问用户数据，Cambridge Analytica 通过一款名为"这是你的数字生活"的第三方应用，收集了包括用户本人和用户好友在内的海量信息。这一事件造成公众对 Facebook 用户隐私保护能力的质疑，使其股价大幅下跌。事后 Facebook 加强数据访问权限控制，严格审查第三方应用，但其声誉和公信力已受重创。

这些安全问题的根本原因在于传统互联网的中心化特点。一方面，数据存储和传输通常集中在少数几个中心化的服务提供商手中，一旦这些中心化节点遭到攻击，数据就会受到威胁。另一方面，传统的身份认证方式和数据传输方式较为薄弱，容易被黑客攻击。

（三）透明度问题

透明度问题涉及信息交流、数据隐私、商业模式等方面，具有广泛的影响。在互联网生态系统中，缺乏透明度可能导致信息不对称、用户权益受损、监管难度增加等问题。因此，解决透明度问题对于维护健康的互联网环境至关重要。

首先，这个问题的核心是由于某些业务模式缺乏必要的信息披露，用户无法全面了解数据流向和交易过程。一个典型的例子是数据收集和隐私问题。许多在线服务和应用程序收集用户的个人数据，但往往缺乏明确的披露，用户无法准确了解他们的数据将如何被使用、存储和共享。这种不透明的数据流向可能导致用户数据泄露、滥用以及未经授权的数据交易。

其次，在商业模式方面，一些互联网平台的盈利模式可能存在不透明性。例如，某些免费的在线服务通过广告和数据交易来获取收入，但用户对于这些数据的具体流向和使用情况了解甚少。这种商业模式的不透明性可能引发用户对于数据隐私的担忧，并使监管机构难以有效监管这些企业的商业实践。

再次，透明度问题还可能涉及信息传播的不准确性。在互联网上，虚假信息、谣言和误导性内容可能迅速传播，而用户往往难以判断信息的真实性和来源。这种不透明性可能对公共舆论、政治环境以及社会稳定产生负面影响。

最后，社交媒体平台在数据隐私和信息披露方面一直备受争议，如在线广告和隐私问题。许多互联网广告平台通过收集用户的浏览行为和个人喜好来进行精准定向广告，然而用户往往对这些数据如何被收集和使用所知甚少。这种广告模式的不透明性引发了关于个人隐私权的讨论，同时使监管机构难以有效监管这一领域。

（四）数据所有权问题

在传统互联网上，大量的个人和企业数据由中心化平台控制，用户往往没有对自己数据的控制权。

数据所有权问题涵盖了数据隐私、权益、安全以及对技术合理利用等多个方面的诉求，在传统互联网模式下，用户的数据往往由中心化平台掌握和控制，导致用户在数据的采集、存储、传输等过程中逐渐丧失了对自己数据的直接控制权。这种集中式的数据模式不仅引发了一系列的隐私问题、安全问题，而且引发了对于数据主权的关切问题。

在这种模式下，许多大型互联网公司集中掌握了大量的用户数据，包括个人信息、社交活动、消费行为、浏览历史等。用户在使用这些中心化平台时，常常需要同意一定的服务条款，允许平台收集、分析和利用这些数据，以用于广告定向、市场分析以及其他商业目的。这导致用户对于个人数据使用在事实上的失控，用户不清楚自己的数据会被如何使用、传播和共享，同时可能面临数据泄露、滥用以及未经授权使用的风险。

一个相关案例涉及数据的跨国共享。许多大型跨国公司在全球范围内收集大量的用户数据，这些数据可能会被传输到不同的国家和地区。用户往往无法了解自己的数据是否足够安全、使用数据的公司是否会遵守合适的数据隐私法规，这增加了数据泄露和滥用的风险。一些国际争议案件也在一定程度上涉及了跨国数据流动的所有权和合法性问题。

（五）中心化风险

中心化风险实际上是很多互联网问题的根源所在。在这种模式下，许多服务和平台的运营和管理都由少数几个实体掌控，这极有可能带来单点故障和垄断。在互联网发展初期，中心化模式在一定程度上是出于效率、管理和监管的需要，但是当信息资源不断地聚拢到这些巨头手上之后，也必然会引发一系列令人担忧的问题。

中心化模式通常由少数几个实体掌控，这使得这些实体成为关键的控制节点。这种集中化的结构导致了单点故障的潜在问题，一旦这些关键控制节点发生故障、遭受攻击或出现其他问题，整个服务或平台就可能会瘫痪，会对用户和业务造成重大影响。这种单点故障风险在互联网服务的稳定性和可靠性方面会造成极大的破坏。

中心化模式的另一个问题就是垄断问题。少数实体掌握了整个服务或平台的运营和管理，这从竞争的角度来看可能会抑制其他竞争者的发展。这种垄断风险给促进创新、保护用户权益以及维护公平竞争环境都带来了非常大的隐患，用户可能因为缺乏替代选择而不得不接受被控制实体的规则和政策，而这可能不利于用户的利益。

在现实中，我们可以看到许多中心化风险的案例。一个明显的例子是社交媒体平台。少数几家大型社交媒体公司掌控了绝大部分用户的社交活动和信息传播，这使得他们成为信息传播的关键节点。一些事件表明，这些平台的决策和策略可能对信息传播和社会舆论产生深远影响，而用户往往难以干预或影响这些平台的规则。

另一个案例涉及的是云计算服务提供商。少数几家大型云计算公司掌控了大部分云计算基础设施，这使得许多企业和服务依赖于这些公司的服务。如果其中一家公司发生了故障或出现安全问题，就可能对许多企业和服务造成严重影响，因为他们无法轻易切换其他云计算服务提供商。

中心化风险在技术和商业层面都具有非常大的探讨空间。技术层面上，如何保障中心化服务的稳定性和可靠性是一个重要问题。这需要针对单点故障问题提供备份机制、容错措施以及紧急应对方案。商业层面上，如何维护公平竞争环境、防止垄断形成、保护用户权益也是一个重要的挑战。

第二节 区块链：信任与交易的新构建

区块链作为一项全新的分布式账本技术，其萌芽可以追溯至20世纪80年代，经历了漫长的探索与演化过程，直到比特币出现它才真正被关注并快速发展起来。区块链技术发展历史可以分为以下几个阶段：

一、萌芽期（20 世纪 80 年代—2008 年）

20 世纪 80 年代，尽管当时尚未形成现代区块链的完整概念，但已经有了一些早期的思考和探索。这个时期主要涉及密码学、数字货币以及电子支付的初步设想，为区块链技术的发展奠定了基础。[①]

在 19 世纪 80 年代，密码学家大卫·乔姆（David Chaum）成为区块链技术萌芽期的先驱之一。他提出了"盲签名"（Blind Signature）的概念，这是一种能够保护交易隐私和匿名性的密码学方案。这个概念奠定了数字货币和电子现金的初步思路。David Chaum 于 1983 年发表的论文"Blind Signatures for Untraceable Payments"中首次详细介绍了这一概念，他探讨了如何使用盲签名来实现不可追踪的数字货币交易，为后来数字货币的发展打下了重要基础。

到了 20 世纪 90 年代，随着互联网的快速发展，人们开始更加关注电子支付和数字货币的可行性。1998 年，密码学家戴维（Wei Dai）发布了一份名为"b-money"的论文，在这篇论文中他首次提出了以去中心化方式创造电子货币的设想。他设想了一种数字货币系统，能够实现安全、匿名、不可伪造以及自动化的支付过程。尽管 Wei Dai 并没有实际实现这个系统，但他的设想为后来的区块链技术发展奠定了重要的思想基础。

2004 年，计算机科学家哈尔·芬尼（Hal Finney）提出了一种被称为"可复用证明工作"（Reusable Proof of Work，RPOW）的电子货币系统。这个系统基于 HashCash 算法，旨在解决电子支付中的双重支付问题。尽管这个系统并没有像比特币那样取得广泛成功，但它在区块链技术发展过程中扮演了一定的先驱角色，为后来的区块链技术探索铺平了道路。

---

① 邓志娟.EDA 电子仿真技术及其 FPGA 步进电机细分驱动控制设计 [J]. 科技广场，2008（8）：201-203.

区块链技术的真正突破发生在 2008 年，中本聪（Satoshi Nakamoto）发表了比特币的白皮书，正式提出了区块链的概念，并实现了第一个基于区块链的加密数字货币。中本聪的白皮书详细阐述了区块链的工作原理，包括去中心化、分布式共识机制、密码学等关键要素。比特币的问世引起了巨大的关注，也开创了区块链技术的新纪元。从此，区块链技术开始逐步发展壮大，延续至今，不断探索更广泛的应用领域。

在这个时期，尽管区块链技术的雏形已经初露端倪，但由于当时的技术条件和社会环境的限制，这些早期的设想并没有得到广泛的实际应用。然而，正是这些早期的探索和思考，为后来区块链技术的发展提供了宝贵的经验和启示，为区块链技术的崛起打下了坚实的基础。区块链技术的萌芽期是一个充满探索和奇迹的时期，为后来的区块链技术发展铺平了道路，开启了一个全新的数字经济时代。

数字经济已成为经济发展的一个核心引擎。过去，我国科技的主导是加快科技和经济的紧密结合，目的是促进科技的快速发展。如今我国科技主导是以数字经济为核心，全面倡导数字经济的发展，加快数字经济和实体经济的融合。数字经济或将成为一项重要的内生增长动力。一方面，数字经济形成的创新生态，系统全面地提升了范围经济和规模经济的发展水平；另一方面，数字经济赋能传统产业，推动传统产业转型升级，全面促进传统产业高质量发展。2023 年 2 月发布的《数字中国建设整体布局规划》为数字中国建设提供了顶层设计指导，将数字经济纳入官员政绩考核体系，标志着"数字中国"建设按下了加速键，对数字经济的发展具有强推动力；各地将大力布局数字基建和争夺数字产业，标志着新一轮数字经济产业的发展机遇即将来临。

二、比特币崛起期（2009—2013 年）

2009—2013 年是区块链技术发展的一个关键时期。在这个时期，比特币作为第一个基于区块链技术的加密数字货币引起了广泛的关注，区块链技术得到了验证和应用。

2009 年 1 月 3 日，中本聪发布了比特币的开源客户端 Bitcoin v0.1，标志着比特币网络的诞生。这个客户端允许用户创建钱包，进行比特币交易以及挖矿，开创了比特币的使用和交易。

同年，中本聪通过 GPU 挖矿，成功生成了比特币的创世区块（Genesis Block）。这也是区块链的第一个区块。在这个创世区块中包含了一则留言，表达了对金融体系的不满，以及将比特币作为一种去中心化数字货币的愿景。

2010 年 5 月 22 日，比特币历史上第一次物理交易发生。程序员拉斯洛·汉耶兹（Laszlo Hanyecz）用 1 万个比特币购买了两份比萨，这天被称为"比特币比萨日"。这次交易虽然看似微不足道，但它标志着比特币的货币属性得到了一定程度上的认可。

2011 年，比特币价格首次超过了 1 美元，吸引了更多的人关注比特币。同时，一些早期的比特币交易平台也开始涌现，为比特币的交易提供了便利。

2012 年，比特币网络不断扩张，交易量逐渐增加。与此同时，区块链技术开始迈向新的阶段，人们开始思考区块链在比特币之外的潜在应用。这一年，人们开始提出区块链 2.0 的概念，强调区块链技术可以用于智能合约、资产发行等更广泛的领域。

2013 年，比特币价格首次突破 100 美元，各大互联网公司开始关注比特币。同时，中国成为比特币市场的重要参与者，出现了首个比特币交易平台，促使比特币在中国迅速传播。

比特币崛起的重要意义在于，它不仅验证了区块链技术的可行性，也为后续区块链技术的发展和应用铺平了道路。比特币的成功引发了人们对去中心化数字货币的关注，也激发了人们对区块链技术的创新思考。比特币崛起期的经验和教训对后来其他加密数字货币的发展以及区块链技术在金融和非金融领域的应用都产生了深远的影响。

三、区块链技术开花结果期（2014—2020 年）

2014 年，以太坊项目启动，推出智能合约概念，标志区块链 2.0 时代的开启，后续涌现出大量的公有链、联盟链、私有链项目和应用。2017 年，联盟链项目 Hyperledger Fabric 1.0 发布。2017 年，企业以太坊联盟（EEA）成立。到 2020 年，全球主要经济体均开始围绕区块链技术展开布局。这一时期，区块链技术快速发展，应用范围不断扩大。

区块链技术在 2014—2020 年期间经历了蓬勃发展。在这段时间里，区块链技术不仅得到了广泛的关注，还涌现出了许多新的应用和创新。

2014 年，由维塔利克·布特林（Vitalik Buterin）领导的以太坊（Ethereum）（见图 1-1）项目启动。以太坊引入了智能合约的概念，是一种能够在区块链上自动执行的可编程合约。以太坊的诞生开创了区块链 2.0 时代的新局面，为区块链技术的应用带来了新的可能性。以太坊项目在 2015 年正式发布。

图 1-1　以太坊

2015 年，区块链技术开始在金融以外的领域得到应用和探索。联合国粮食及农业组织（FAO）开始探索使用区块链技术来改进全球食品供应链的透明度和可追溯性。这标志着区块链技术在农业和食品领域的初步应用。此外，区块链技术也引起了医疗、物联网等领域的兴趣。2015 年，党的十八届五中全会正式提出"实施国家大数据战略，推进数据资源开放共享"，以贵阳大数据交易所为代表的数据交易机构相继涌现。早期建设的数据交易机构大都没有找到成功的商业模式，多数机构已停止运营或转变经营方向，发展情况未达预期。2015 年 4 月，贵阳大数据交易所正式挂牌，是全国第一家大数据交易所。

2016 年，联盟链概念开始兴起。联盟链是一种介于公有链和私有链之间的区块链形式，由多个参与方共同管理和控制，旨在满足特定业务需求。Linux 基金会旗下的 Hyperledger 项目发布了分布式操作系统——Hyperledger Fabric 1.0，是一种重要的联盟链解决方案。

2017 年，EEA 成立，旨在推动以太坊在企业领域的应用。同年，区块链技术受到传统金融机构的广泛关注，多家银行开始测试将区块链技术用于跨境支付和清算。比特币价格急剧上涨，再次引起了公众和媒体的热烈讨论。此外，ICO（Initial Coin Offering）成为一个热门话题，许多创业公司通过 ICO 融资。

2018 年，区块链技术的应用进一步拓展。供应链管理、版权保护、知识产权管理等领域开始尝试使用区块链技术来提高透明度和可信度，政府部门也开始研究如何利用区块链技术提升公共服务。

2019 年和 2020 年，全球主要经济体开始围绕区块链技术展开布局。中国政府发布了区块链发展战略，提出了支持区块链技术应用的政策。企业也开始探索区块链技术的商业应用，跨行业的区块链项目不断涌现。去中心化金融（DeFi）概念兴起，推动了以太坊智能合约和去中心化金融平台的发展。

总的来看，区块链技术在这几年间取得了巨大的进展。以太坊的启动是智能合约和区块链 2.0 时代的开端，联盟链概念的兴起为企业应用提供了新的选择，使区块链技术逐渐走出金融领域，涉足医疗、供应链、版权保护等多个领域，取得了初步的成功。这一时期为区块链技术的广泛应用奠定了基础，也为其未来的发展奠定了坚实基础。

四、区块链 3.0 时代（2021 年至今）

从 2021 年开始到今天，区块链技术的发展再一次进入一个新阶段，被称为区块链 3.0 时代。在这个时期，区块链技术得到了广泛的应用，并且涌现出了一系列新的概念和创新。

2021 年，非同质化代币（NFT）成为热门话题，各种数字艺术品、虚拟土地等 NFT 项目涌现。NFT 的兴起让人们开始关注区块链技术在数字资产领域的潜力，也拓展了区块链技术的应用场景。同时，去中心化金融领域继续蓬勃发展，吸引了大量的投资和创新，以 2021 年以来北京、上海等大数据交易所成立为标志。近两年来，随着党中央、国务院多项重要政策的出台，各地新建一批数据交易机构，试图消除供需双方的信息差，推动形成合理的市场化价格机制和可复制的交易制度和规则，使数据交易的建设进入 2.0 阶段。2021 年 11 月，上海数据交易所揭牌交易。

2022 年以后，许多国家开始明确区块链技术的法律法规。这一举措为区块链技术的应用提供了更明确的法律环境，促进了企业和机构对区块链技术的探索和应用。同时，监管政策的明确也有助于减少一些不当的区块链项目，提升行业整体信誉。2022 年 11 月 15 日，深圳数据交易所挂牌运营。

2023 年至今，区块链技术进一步向消费应用端渗透。一些初创公司开始尝试将区块链技术应用于数字身份认证、供应链追溯、食品安全等领域，使得普通用户可以更直接地体验到区块链技术带来的便利和透明度。

在区块链 3.0 时代，随着技术的不断进步，区块链的性能和可扩展性也得到了提升。新的共识算法、分片技术、侧链技术等不断涌现，使得区块链网络能够处理更多的交易，并提高了区块链网络的整体性能。这一技术的进步为区块链技术在商业和消费领域的应用创造了更好的条件。

随着区块链 3.0 时代的发展，去中心化应用（DApps）的数量不断增加，涵盖了金融、艺术、娱乐、社交等多个领域。这些 DApps 不仅为用户提供了全新的体验，也为开发者提供了更广阔的创新空间。同时，区块链社区也不断壮大，吸引了越来越多的人加入，以共同推动区块链技术的发展。

总的来看，区块链 3.0 时代是区块链技术进一步深入应用的时期。NFT、DeFi 的兴起拓展了区块链技术的应用场景，法律法规的明确提升了区块链技术行业规范，区块链技术的性能提升使其更适合商业和消费领域。随着技术的不断进步，区块链技术在未来将继续发挥其独特的作用，影响各个行业的发展，为数字经济时代的到来做出贡献。

从应用领域上看，区块链技术从最初的数字加密货币应用，逐步拓展到金融、版权保护、物联网、医疗保健等领域。从技术上看，区块链技术也从初期的基于 PoW 共识的公有链，发展到可满足企业需求的私有链和联盟链以及与其他新技术的结合。可以预见，区块链技术还会以其分布式、不可篡改的特征继续创造更多的应用价值，其发展历史仍在持续演进中。

第三节　数字资产与加密货币

一、数字资产与加密货币的关系

（一）数字资产的概念及作用

数字资产是指一切可以数字化生成或表达的资产形式。根据经济学资产理论，资产是指由个人、组织或机构所拥有或控制的、可为其创造经济价值或者权利的任何形式的资源。数字资产扩大了资产的外延，使得传统实体资产可以通过信息技术手段，以数字化的形式进行编码、存储、表达和传输。

从技术形式上看，数字资产是指由二进制编码组成的、依托信息网络和计算设备的可编程软件资源。数字资产必须具备可编程性，即其数字形式应当是动态的，且可重构的，可以通过预设的代码逻辑进行处理和传输，从而实现资产控制者对资产的可编程控制。

从经济属性上看，数字资产必须具备价值属性，即须体现某种为市场需求所承认的经济价值。这种价值可以是数字资产所代表的实体资产价值，也可以是代码设计或网络效应赋予数字资产的自身价值。数字资产实现了资产属性的可编程化，可以针对不同类型资产设计可微分编程（Differentiable Programming），进行价值表达、存储、转移。①

从权利关系上看，数字资产必须明确其所有权归属。区块链技术为实现数字资产所有权提供了可能，通过分布式记账确保权属的唯一性。同时，智能合同技术使数字资产权利转移具备自主执行性。

数字资产利用信息网络技术手段，实现资产形态数字化，并使其具备可编程特性，可根据代码设定进行动态处理和传输，体现在网络世界中的经济权利关系。它可以呈现加密货币等全新形态，也可以是传统实体资产的数字孪生，拓展和丰富了资产的概念内涵。

（二）加密货币的概念和作用

加密货币是一种使用密码学与网络算法来实现其基础价值、所有权与交易管理的数字资产形式。其基于分布式网络与密码学机制，具有去中心化、不可篡改、匿名等特性。

从技术形式上看，加密货币由一个通过密码学算法生成并开源的交易公共账本组成，记录所有资产流转记录。以区块链技术用于建立分布式共识，保证公共账本的统一性和交易记录的不可篡改，采用公私钥加密系

---

① ZHONG S J, DENG Z J. A method of the inverted index establishment and dynamic update[C]//China Institute of Communications. Proceedings of 2011 Asia-Pacific Youth Conference on Communication（2011APYCC）. WuHan：Scientific Research Publishing，2011，1：264-268.

统来定义资产所有权，私钥掌控者对其相关资产拥有所有权。

从经济属性上看，加密货币与法定货币不同，其价值不源自国家信用背书，而是源自市场需求与共识；其总量可根据算法预设按一定方式编程增发。加密货币实际上是创建了一个由密码学保护且去中心化的货币系统。

从功能角度看，加密货币通过分布式网络实现点对点的价值传输，与中间机构做去中心化交互，基于密码学的安全机制替代了第三方的必要性，使其既具有流通性和交互性，也具备稀缺性和存储性。

加密货币是一种新型数字资产形式，它利用密码学、区块链、网络效应等技术手段，实现了去中心化控制、防篡改、匿名等新特征。它扩展了货币和资产的技术实现形态，具有重要的经济和社会意义，同时给监管带来了挑战，需要监管机构积极应对。

（三）数字资产与加密货币的关系

加密货币与数字资产关系的本质在于前者是后者的一个具体子集或典型代表。从概念上看，数字资产是一个更广泛的术语，表示全部可被数字化表达和流通的资产形式。而加密货币则是数字资产的一个重要类别，它使用加密技术来实现数字资产的价值表达和所有权定义。

从技术角度看，数字资产主要利用信息网络进行资产数字化表示和流转。数字票务、游戏道具等都是数字资产，它们使用数据库等信息技术构建。而加密货币则在数字资产技术基础上，进一步使用了加密算法等技术手段，来实现对资产所有权和交易历史的痕迹隐藏、防伪造等功能。

从经济属性上看，数字资产表现经济价值的数字化。各类数字资产的价值基础有差异，加密货币的价值源自其协议设计及计算能力，而其他数字资产可能基于实体资产映射或网络效应。加密货币创建了一个自包含的价值体系。

从流通性角度看，数字资产可根据编码实现不同的流通方式。加密货币实现了高度流通性，而部分数字资产可能设定了流通性限制。从流通对象上看，加密货币可以实现无许可的公开流通，其他数字资产则可能基于许可控制流通范围。

加密货币是在数字资产所有权确权技术基础上，利用加密、分布式账本等手段，实现的一种新型开放、隐匿、防篡改的数字资产流通形态。它既是一个典型的数字资产形式，也丰富和扩展了数字资产的技术内涵，同时为数字资产流通提供了一个可借鉴的模式。

二、加密货币与法定货币的差异

在当今金融和技术领域，加密货币（Cryptocurrency）作为一种新兴的数字资产，与传统的法定货币（Fiat Currency）之间存在着显著的差异。这些差异不仅体现在发行主体、信用机制、单位数量、流通范围和监管方式上，还涉及其在全球经济中的角色和未来发展的前景。以下是对加密货币与法定货币在多个方面差异的详细分析。

（一）发行主体的差异

法定货币的发行权通常由中央银行或国家政府掌握，其发行量受到国家宏观经济政策和货币政策的直接影响。中央银行负责监管法定货币的流通，以确保货币的稳定性和流动性。例如，美元由美国联邦储备系统（Federal Reserve System）发行，人民币由中国人民银行发行。

相比之下，加密货币的发行主体通常是一些非国家实体，如项目团队、开发者社区等，通过密码学和软件算法进行发行和管理。比特币作为最早的加密货币，由中本聪匿名发布，其发行量受到预先编程的固定规则限制。[1] 这使得加密货币的发行相对独立于国家政策，更加去中心化。

---

[1] ZHONG S J，DENG Z J. A distributed Web crawler design[C]//China Artificial Intelligence Society Intelligent Digital Content Security Professional Committee. Proceedings of 2010 Asia-Pacific Conference on Information Network and Digital Content Security（2010APCID）.WuHan：Scientific Research Publishing，2010：333-337.

（二）信用机制的差异

法定货币的信用基础建立在国家信用之上，包括国家实力、政策稳定性、经济前景等因素。国家通过货币政策来维护法定货币的稳定性，防止通货膨胀和货币贬值。法定货币的价值受到国家政府和中央银行的支持和保障。

加密货币的信用来源则更多地依赖于分布式共识网络的内生信用，其价值稳定性建立在节点效应和密码学保障之上。区块链技术的去中心化特点确保了交易的透明性和不可篡改性，为加密货币的信用提供了一定保障。同时，全球经济形势也会对加密货币的价值产生影响。

（三）单位数量的差异

法定货币的货币单位通常是固定的，如人民币的"元"、美元的"美元"等，其货币总量由中央银行和政府决定，并根据经济需要对货币总量进行管理，但总体上是有一定的发行上限的。

加密货币在设计时通常会设置发行上限。以比特币为例，其总量限定为 2 100 万个，通过内置的算法按照预定的方式逐步发放。这种固定的发行上限是为了保持货币的稀缺性和价值。

（四）流通范围的差异

法定货币的流通范围通常限定在发行国家或特定货币联盟范围内，其使用受到法律和国际法规的规范，其流通和交易通常在国家监管的范围内进行。

加密货币则可以在全球范围内自由流通，不存在地域限制。加密货币的交易是基于区块链技术在全球网络进行的，具有无国界性的特点。这使得加密货币在国际贸易和跨境支付方面具有潜力。

（五）监管方式的差异

法定货币受到国家政府和中央银行的直接监管。国家制定货币政策、利率政策等来维护法定货币的稳定。中央银行有权制定货币发行量和货币政策，以调控经济运行。

加密货币的监管方式相对复杂，主要通过其内置的算法和共识机制实现去中心化管理。[1] 其价值和交易规则由网络参与者共同决定，缺乏传统监管实体。然而，各国政府正在逐步制定加密货币的监管政策，以平衡创新和风险。

加密货币与法定货币在发行主体、信用机制、单位数量、流通范围和监管方式等多个方面存在显著差异。这些差异既带来了监管挑战，也提供了扩展现有货币体系的可能性。两者将在一定时期内共存并不断演化，加密货币的创新性和全球性将继续影响金融和技术领域的发展，值得进一步的研究和关注。

三、数字资产的特征及其应用

（一）数字资产的特征

首先，数字资产作为一种新兴的资产形式，其核心特征之一是可编程性。数字资产基于编码构建，资产的各种属性、权利、流转方式等逻辑可以预先定义，并且可以通过编程进行定制和处理。这为不同类型的数字资产提供了极大的设计空间和灵活性。通过编程，数字资产可以具备不同的经济属性、所有权结构、流通规则等。这种可编程性为数字资产的创新和发展提供了有力支持。

---

① 胡健，邓志娟，杨炳儒.一种新型简单图社区结构发现算法 [J].计算机工程与应用，2009，45（25）：148-150.

其次，数字资产具有高度的可交换性，这得益于网络和信息技术的发展。数字资产可以在全球范围内迅速流转，实现点对点的交易，且交易成本较低。尤其是通过自动化智能合约技术，数字资产可以进行条件化的编程交换，实现价值的自动流转。这种高度可交换性促进了资产的流动性，也为其在全球范围内的交易提供了更高效、便捷的方式。

再次，数字资产的可移植性是其另一个重要特征。数字资产不依赖于特定的物理介质，可以跨设备、跨网络进行存储和流转。一份数字资产可以同时存在于多台设备上，大大提升了资产的流动性。这种可移植性降低了资产交换的门槛，也为资产的跨境流通创造了有利条件。

最后，出于对安全性和交易可信性方面的要求，数字资产还必须具备可证明性。区块链等技术为数字资产的所有权提供了可验证的技术基础，使资产持有者可以利用私钥证明资产的所有权，进行交易签名，也可以对交易历史进行验证。这种可证明性增强了数字资产的交易安全性，减少了欺诈和虚假交易的风险。

（二）数字资产的应用

而在具体的应用层面，数字资产作为一种新兴的资产形式，其潜力也是不可估量的。

在金融领域，数字资产的代表性应用之一就是加密货币。加密货币以区块链技术为基础，提供了一种去中心化的数字支付和交易系统，与传统金融体系平行运行。比特币等加密货币允许用户进行全球范围内的点对点交易，无须中间机构的介入，提供了更快捷、低成本的交易方式。此外，DeFi 系统是数字资产在金融领域的重要应用之一，它通过将借贷、交易等金融功能实现在区块链智能合约上，构建了开放的数字金融服务，实现了更加包容、高效、透明的金融生态。

在版权保护领域，数字资产通过将数字艺术品如图像、音乐、视频等作品以 NFT 的形式进行区块链数字化，使每个作品拥有唯一的数字"指纹"，实现了版权的可验证和数字收藏。这种技术保证了数字艺术品的唯一性和不可篡改性，让作者可以更好地控制其作品的版权使用规则，从而更好地保护创作者的权益。

在日常的娱乐游戏领域，数字资产也展现出了巨大的应用潜力。游戏道具以数字资产的形式存在，玩家可以真正"拥有"稀有的游戏装备。这种数字资产化的游戏道具可以在游戏内进行交易，让玩家能够自由交换、出售、购买，不仅为游戏玩家提供了更多的游戏体验，也创造了新的经济模式。

在社交网络领域，数字资产的应用也不容忽视。例如，用户增强型数字资产如点赞、徽章等，可以为用户参与社交网络活动提供激励。这些数字资产链接了用户的身份与网络贡献，彰显了用户在网络中的社交地位。此外，一些社交网络平台也开始探索将数字资产和区块链技术应用于社交媒体平台，以提高用户的参与度和互动性。

通过上述分析，可以看出数字资产已经渗透金融、版权保护、娱乐游戏、社交网络等多个领域，为这些领域带来了创新和变革。数字资产不仅改变了传统产业的商业模式，也扩展了人们的经济活动和社交互动方式。随着技术的不断进步和应用的拓展，数字资产将继续在经济社会中发挥重要作用，为数字经济的生产关系和利益分配结构带来积极影响，其潜在的应用前景还在持续释放中。

四、加密货币与加密代币的区分

加密货币和加密代币作为基于区块链技术的数字加密资产形式，在深入探讨这两者之间区别的同时，我们也要了解它们各自在经济和社会领域的角色，以及它们共同推动数字化转型的意义。

（一）角色定位与功能

从角色定位来看，加密货币更侧重于作为一种价值存储和流通媒介，具有交易支付的功能。有代表性的比特币和以太币等加密货币主要被用于交易支付，具备货币的流通性功能。这些加密货币的核心目标是建立一种去中心化的数字货币体系，使得用户能够在全球范围内进行点对点的安全、快速、低成本交易。然而，加密货币的流通主要集中在货币属性，缺乏更复杂的资产标记和权益表示。

（二）技术实现

从技术实现角度来看，加密货币构建了一个独立的公有链系统，并在这个平台上发行和流通货币。比特币、以太坊等都拥有自己的区块链网络，这些加密货币的发行和流通都在这些独立的区块链上完成。这种独立的技术实现确保了加密货币的安全性和独立性。相反，加密代币的发行更多地采用在已有区块链平台上发行的方式。例如，以太坊的 ERC-20 代币就是在以太坊区块链上发行的。这种方式不仅降低了代币发行的门槛，而且促进了更广泛的资产和权益数字化。

（三）发行机制

加密货币往往具有产出上限，按照预定算法定量增发。比特币的总量被限定为 2 100 万个，这种固定的发行上限旨在保障加密货币的稀缺性和价值稳定性。这种发行机制与传统的中央银行发行法定货币的方式有着明显的不同。与之相反，加密代币的发行数量可以由发行实体决定，可以采用无上限的发行方式。这种发行机制使得加密代币的供应更加灵活，但也需要投资者更加谨慎地评估代币背后的价值。

（四）应用场景

从应用场景来看，加密货币主要侧重于通用支付交易功能，主要应用在金融领域，尤其是国际跨境交易。加密货币的代表——比特币，作为数字黄金，吸引了大量投资者和交易者。而加密代币的应用场景更加丰富多样。加密代币不仅可以用于支付和交易，还可以代表特定的权益、资产或实体。例如，NFT 已经在数字艺术、文化产业等领域得到广泛应用。这些应用场景使得加密代币不仅在交易领域有着发展潜力，还能够扩展到数字权益认证、资产证明等更广泛的领域。

综上所述，加密货币和加密代币在角色定位、技术实现、发行机制和应用场景等方面存在差异，加密货币主要作为数字货币，强调交易和支付功能，而加密代币更注重权益和资产的数字化标记以及更广泛的应用场景。两者在数字化经济和社会转型中都具有重要的作用和意义。加密货币的流通性和价值存储为金融领域提供了一种新的交易方式，而加密代币的丰富应用场景则为实现数字权益认证、创作权益保护等提供了新的解决方案。它们共同构建了一个更加多元化和去中心化的数字资产生态系统，推动着经济和社会的数字化进程。

第二章 理解区块链技术

第一节 区块链的基础概念

从本质上说，区块链技术是一种创新的分布式数据库结构，它以去中心化的方式在网络中增加数据的透明度与安全性。在区块链中，每一组数据被分组存储在被称为"区块"的数据结构里，并通过密码学手段将这些区块以时间顺序串联起来，形成一个连续不断的链条。每一个新加入的区块都需要网络中的多数节点达成共识，从而确保数据的完整性和不可篡改性。

这种独特的数据存储方法，使得数据一旦被记录到区块链上，除非获得网络中大部分节点的同意，否则该数据就无法被删除或修改。这种天然的不可篡改特性，为区块链提供了一个健壮的、可追溯的分类账基础，使其成为一个理想的技术选择，可用于记录、跟踪和验证各种业务交易，如订单处理、支付结算、账户管理等。

此外，区块链技术通过加密算法与分布式验证机制确保了所有交易的安全性。[①] 任何试图未经授权添加或修改交易的尝试都会被网络内其他节点识别并拒绝。这种内建的安全机制确保了所有交易的真实性，也保障

---

① 胡健，邓志娟，杨炳儒.一种新型简单图社区结构发现算法 [J].计算机工程与应用，2009，45（25）：148-150.

了在整个网络中对交易的统一视角与认知。

下面介绍一些在区块链技术中非常重要的概念。

一、分布式账本

分布式账本（Distributed Ledger）技术，通常指代区块链（Blockchain）技术，是一种采用分布式网络架构（Distributed Network Architecture）来记录和存储数据的方法。在这种模式下，数据的副本通过密码学哈希（Cryptographic Hash）方法存储在P2P网络（Peer-to-Peer Network）中的多个节点（Node）上，而并非集中在单一的中心化数据库（Centralized Database）中。这种去中心化（Decentralization）的数据存储方式增强了数据的安全性、完整性和可用性，因为其不存在单点故障（Single Point of Failure）的风险，系统能够抵御针对中心节点的恶意攻击。

以区块链技术为例，当新的交易（Transaction）或信息被创建时，它会通过广播（Broadcast）的方式将其传播到整个P2P网络中的各个节点。每个节点会独立验证（Validate）该交易的合法性和正确性，一旦通过验证，该交易就会被打包（Package）到一个新的区块（Block）中。该区块会通过加密哈希（Cryptographic Hash）与前一个区块链形成一个不断延伸的链式数据结构。每个区块中都包含了一系列的交易信息，而这些区块的数据副本则通过P2P网络分布在众多节点中，实现了数据的分布式存储（Distributed Storage）。

例如，在一个跨境供应链（Supply Chain）系统中，可能涉及供应商（Supplier）、制造商（Manufacturer）、分销商（Distributor）等多个参与方。通过采用区块链这样的分布式账本技术，每个参与方都可以在自己的节点上保存供应链交易和信息的副本，并与网络中其他节点的数据实现自动化同步。这样，即使个别节点遭到攻击或发生故障，系统仍能够从其他节点快速恢复数据，保证供应链信息的可靠性。

总之，分布式账本代表的区块链技术，通过将数据分布式存储在多个节点上，有效提高了数据的安全性、容错性和抗攻击能力，为供应链、金融、医疗等多种场景提供了分布式数据管理的新型解决方案。

二、区块

在深入探讨区块链技术时，区块无疑是整个系统的基石。区块是一个包含了特定数量的交易和相关元数据（Metadata）的数据结构。这些交易的示例包括加密货币（Cryptocurrency），如比特币、以太坊的转账、智能合约（Smart Contract）的自动执行以及其他形式的状态变更（State Change），如资产所有权的转移或投票权的确认。

每个区块内的数据结构设计得非常精确。为了维持数据的完整性，它通常会包含一个由交易信息构建的 Merkle 树（Merkle Tree）的根哈希（Root Hash）。Merkle 树是一种允许数据块进行快速、高效验证的二叉树结构。除此之外，时间戳（Timestamp）记录了区块生成的确切时间；难度目标（Difficulty Target）指示了创建区块所需的工作量，以及前一个区块的哈希值，为区块提供上下文链接。

每个区块都通过一个 256 位的唯一标识符，即区块哈希（Block Hash），来识别。区块哈希是通过将区块内所有数据——从交易列表到时间戳，输入密码学安全哈希算法（Cryptographic Hash Function），如 SHA-256 中得到的。[①] 这意味着即使只是微小的数据变动也会导致哈希值的巨大变化，使区块哈希成为一种高度敏感且独特的数据验证工具。

哈希算法的不可逆性确保了数据的完整性。一旦区块内的信息遭到修改，其哈希值将立即发生变化，从而被网络上的其他节点迅速检测并排除。[②]

---

① 胡健，邓志娟，杨炳儒. 一种新型简单图社区结构发现算法 [J]. 计算机工程与应用，2009，45（25）：148-150.
② 胡健，邓志娟，杨炳儒. 一种新型简单图社区结构发现算法 [J]. 计算机工程与应用，2009，45（25）：148-150.

在连续的区块链中，每个新区块都包含了前一个区块的哈希值，从而实现了连续的链式链接（Chain Linkage）。这种结构保证了区块链的顺序连续性，从而使得对任何区块的篡改都需要重新计算后续所有区块的哈希值。这在实践中是不可行的。

综上所述，区块结构的独特设计和哈希算法的应用共同为区块链技术提供了一个安全、持久和不可篡改的分布式数据存储系统，确保了每一笔交易的透明性和可靠性。这也是为什么区块链技术被广泛视为革命性的。

三、链式结构

在数字时代，区块链技术因其革命性的链式结构（Chain Structure）而受到广泛关注。这种结构不仅确保了数据的完整性（Data Integrity）和不可篡改性（Tamper-Proof），还为各种行业应用提供了新的可能性。

每个区块都是一个独立的数据存储单元，包含了一定数量的交易记录。这些记录可以是加密货币的转账、智能合约的执行、物品的追踪或任何其他需要不可篡改记录的数据。然而，单个区块的真正价值在于其如何与前后的区块链接。每个区块都包含前一个区块的哈希值，使得整个区块链形成了一个连续的、有序的数据链。

以供应链（Supply Chain）为例，当一个生产部件从制造商转移至仓库，从仓库转移至零售商，再从零售商转移到消费者手中时，每一个这样的事件都可以被记录为一个区块中的交易。这种方法不仅提供了对物品流转的完整视图，而且确保了数据的透明性和真实性。因此，区块链技术为消费者、制造商和其他利益相关者提供了对产品来源和流转的完整、不可篡改的视图。

另外，链式结构在安全性上提供了额外的保障。由于区块哈希的计算包括了前一个区块的哈希，所以篡改链中的任何区块都会导致后续所有区块的哈希不匹配。同时，由于区块链数据是分布式存储的，它被整个

P2P 网络的节点所持有，因此任何恶意的数据篡改都会被网络中的大多数节点拒绝。

这种去中心化和链式结构使得区块链技术在金融、健康、物流、房地产、版权管理等多个领域都有潜在的应用价值。例如，在金融领域，它可以简化和保护交易；而在健康领域，它可以为医疗记录提供安全、私密和完整的信息数据存储。

总之，区块链的链式结构不仅提供了一个创新的数据存储和验证方法，而且为各种行业解决了传统数据库无法解决的问题，从而使得区块链技术在现代社会中的价值得到广泛认可。

四、去中心化

去中心化的概念是在区块链技术中确立其独特地位的核心因素。在许多领域，中心化系统已经被证明容易受到攻击、具有操纵风险且效率低下。区块链技术通过其去中心化特性为这些问题提供了答案。

技术视角：去中心化的特性确保了数据的不可篡改性和完整性。每个节点都持有完整的区块链数据副本，任何对数据的修改都需要网络中的大部分节点达成共识。例如，比特币网络要求 51% 以上的计算能力才能实现对链的更改，这种阈值设置大大增加了攻击的难度。

经济视角：去中心化为参与者提供了更高的经济效益。传统的中心化系统，如银行和支付网关，通常要收取较高的交易费用。然而，通过去中心化的加密货币平台，如以太坊，用户可以在全球范围内以更低的费用进行交易。

社会视角：区块链的去中心化特性还对社会的权力结构产生了影响。传统的中心化系统往往会集中权力，而去中心化系统鼓励权力的分散。例如，去中心化的身份验证系统允许个人掌握自己的个人数据，而不是让几家大公司掌握这些数据。

然而，完全的去中心化并非总是最佳选择。在某些情况下，部分中心化（或称为混合模式）可能更为高效和实用。例如，在需要快速决策的场景中，完全的去中心化可能会导致决策速度减慢。

此外，去中心化还带来了能源效率的问题。例如，比特币采用的工作量证明（PoW）共识机制是能源密集型的，已经引起了关于其对环境影响的广泛讨论。

为了克服这些挑战，一些新的共识算法，如权益证明（PoS）和委托权益证明（DPoS），正在被研究和采纳，它们旨在提高系统的能源效率和治理结构。[①]

总结而言，虽然去中心化为区块链技术提供了一种独特的方法来解决许多在传统中心化系统中存在的问题，但它也带来了新的挑战。这些挑战需要通过技术创新和社区合作来解决。

五、共识机制

共识机制（Consensus Mechanism）是区块链系统的关键组成部分，其目标是让分布式网络中的节点就数据状态达成一致的共识，从而确保网络的安全性和数据的可信度。区块链技术中常见的共识机制包括工作证明（Proof of Work，PoW）、权益证明（Proof of Stake，PoS）等。

共识机制不仅是维持区块链网络正常运行的核心，而且是决定网络效率、安全性和去中心化程度的关键因素。不同的共识机制有着各自的工作原理、优点和缺点。

PoW：

优点：由于其计算密集型的特性，PoW 为网络提供了很强的安全性保障。它使得篡改历史记录的成本非常高，从而为整个系统带来了信任。

缺点：PoW 消耗大量电力资源，对环境产生负面影响。此外，它可

---

① 胡健，邓志娟，杨炳儒. 一种新型简单图社区结构发现算法 [J]. 计算机工程与应用，2009，45（25）：148-150.

能导致计算力的集中，违背了去中心化原则。

实例：比特币是最早采用 PoW 共识机制的加密货币。

PoS：

优点：PoS 消耗较少的能源，是一种更为环保的共识机制。它依赖经济动机，使得持币者更有动力参与和维护网络。

缺点：PoS 可能导致"富者愈富"的现象，因为拥有更多通证的节点更可能被选为验证者。

实例：以太坊正在采用从 PoW 过渡到 PoS 的 Casper 协议。

除了这两种共识机制外，还有一些值得关注的机制：

委托权益证明（Delegated Proof of Stake，DPoS）：

在 DPoS 系统中，通证持有者可以投票选择一小部分的验证者来创建新的区块和验证交易。这种系统更为高效，但可能降低了去中心化程度。

实例：EOS 和 BitShares 使用 DPoS。

拜占庭容错机制（Byzantine Fault Tolerance，BFT）：

这是一种达成网络共识的算法，可以抵御拜占庭将军问题。它可以快速达成共识，并具有高度的系统安全性。

实例：Tendermint 和 Hyperledger Fabric 采用了 BFT。

选择合适的共识机制是区块链设计的关键步骤，因为不同的共识机制会影响区块链的性能、安全性和去中心化程度。设计者需要权衡这些因素，选择最适合特定应用场景的共识机制。

六、加密技术

加密技术在区块链系统中发挥着至关重要的作用，用于保护数据的机密性、完整性和可验证性。区块链运用各种密码学工具和协议来实现关键的安全属性。

例如，在医疗健康数据管理场景下，敏感的病历信息可以使用非对称加密算法（如 RSA 或 ECC）进行加密，只有获得访问权限的医务人员才能用对应的私钥解密。当需要与第三方共享数据时，可以对数据重新加密，仅授权特定的公钥拥有者进行解密。在数据的生成、传输、存储整个生命周期内，始终保持端对端加密，防止未授权访问。

再如，区块链的加密货币转账。用户拥有一对公私钥。私钥用于签名，公钥作为接收地址。在转账时，发送方用接收方的公钥加密交易信息，然后用自己的私钥对信息签名。网络节点可以用发送方的公钥验证签名的合法性和信息完整性。这实现了交易的不可否认性和防篡改性。

区块链系统利用数字签名、零知识证明、密钥管理等多种加密技术手段，构建了一个去中心化的、可信任的交易处理框架，保障了用户的匿名性和数据的机密性，防止非授权访问或数据被篡改，适用于金融、供应链、政务等安全关键场景。密码学是区块链安全的基石。随着量子计算的进展，区块链的加密技术也需要不断演进和增强。

以下是进一步扩充这一领域的核心概念和应用场景：

数字签名：当一个交易发起时，发送方使用私钥进行签名。这不仅确保了交易的完整性和来源验证，还意味着交易一旦被签名，发送方就不能否认其交易行为。对于任何尝试篡改的行为，签名都会失效，这为整个系统提供了防篡改的保障。

零知识证明：这是一种让验证者确信一个陈述是正确的，而不揭示任何关于陈述的具体信息的协议。例如，在 Zcash 这样的加密货币中，交易方可以证明他们拥有足够的资金进行交易，而不必揭示实际的交易金额或其他细节。

该技术对于保护用户隐私和数据安全尤为重要，使得交易双方和验证者都无法知道交易的具体内容。

哈希函数：在区块链中，哈希函数用于创建交易的数字指纹，每一笔交易都可以生成一个唯一的哈希值。因为哈希函数的"雪崩效应"，哪怕只是一个微小的数据变动都会导致完全不同的哈希输出，这为区块链提供了额外的安全层。例如，每个区块的哈希值都包含前一个区块的哈希值，从而形成一个链。这使得在不破坏后续区块的前提下，篡改任何区块都变得几乎不可能实现。

多重签名（Multi-Signature）：为了提高安全性，某些交易需要多个签名才能进行。例如，在企业的供应链管理中，高价值的资产转移可能需要多个高级管理者的批准。这种技术可以防止欺诈行为，并确保所有相关方都对交易达成共识。

随着技术的发展，未来可能还会出现新的密码学技术和协议，以满足不断增长的安全性和隐私需求。量子计算机为现有的加密算法带来了挑战，因为它们能够在短时间内破解许多当前认为是安全的算法。因此，面对量子计算的威胁，研发量子安全的密码技术将变得越来越重要。

七、不可篡改性

不可篡改性是区块链技术的核心特征之一，一旦交易或数据写入区块链，在正常情况下就无法再被修改或篡改。这种可信任的不可篡改属性主要是基于区块链的技术机制实现的。

具体来说，区块链通过 Hash 指针实现了区块之间的链式链接，每个区块包含前一个区块的 Hash 值。一旦某个区块加入链中，其包含的数据就很难被篡改。因为数据变更会导致区块 Hash 值变化，从而打破区块链的链接。此外，区块链的分布式账本结构也为其提供了重要保障，网络中的其他节点会拒绝接受链结构被破坏的新区块。

例如，在文档管理领域应用区块链技术，可以保证存储在链上的文档不会被非法篡改。文档内容首先会通过 Hash 算法生成指纹摘要。该 Hash 值随后会被存储在新生成的区块中。如果恶意者试图修改文档，都会导致内容 Hash 值变化，违反区块链的数据完整性规定。而网络中的其他节点仍持有未被篡改的文档原版，可以拒绝恶意者的请求。

通过区块 Hash 指针紧密相连的链式结构，以及分布式网络达成共识的机制，区块链实现了数据的高可信任不可篡改特性，适用于文档防伪、交易记录等场景，保障了数据的真实性。当然，也需要认识任何技术都有局限，区块链的不可篡改性也面临一定的挑战。

不可篡改性是区块链技术中最具魅力的属性之一。这种特性确保了区块链在许多场景中都具有很高的可信度。让我们进一步深入探讨此特性及其工作原理。

工作原理：

PoW：这是许多公链，如比特币，使用的共识算法。PoW 要求矿工通过解决复杂的数学问题来"挖"出新区块。这需要篡改链上的数据重新计算所有后续区块的工作量证明，成本巨大且在实际操作中几乎不可能实现。

BFT：在某些区块链中，如 PBFT 或 Tendermint，BFT 算法确保只要超过 2/3 的节点是诚实的，网络就可以正常运行。这为数据提供了额外的不可篡改保障。

应用示例：

供应链追踪：通过区块链，企业可以追踪产品从生产到消费的全过程。由于数据不可篡改，消费者可以信任产品来源和制造过程的真实性。

知识产权保护：艺术家或创作者可以使用区块链将他们的作品信息存储为不可变记录，确保他们的权利不被侵犯。

投票系统：传统的电子投票系统面临被篡改和欺诈的风险，区块链技术可以确保每个投票都是唯一的、不可更改的。

挑战与局限性：

51% 攻击：如果恶意攻击者控制了网络的大部分计算能力，他们可能会对链上的数据进行修改。然而，执行此类攻击的成本通常很高，而且只对 PoW 系统有效。

网络分叉：当网络参与者对协议的版本或规则产生分歧时，可能会导致区块链分叉。这不是真正的数据篡改，但可能导致数据版本的分歧。

链的末端安全性：当一个区块刚被添加到区块链中时，它比较容易被替换，但随着更多区块的增加，篡改的难度逐渐增加。因此，人们通常会等待几个确认后才认为交易是不可逆的。

总体而言，区块链提供了非常强大的不可篡改特性，但要充分利用其潜力，还需要对其工作原理和局限性有深入的了解。

八、去中心化应用

去中心化应用程序（Decentralized Application，DApp）是建立在区块链技术之上的一种全新应用架构与运作模式。与传统由中心服务器承载的应用程序不同，DApp 在结构上具有去中心化、开放透明、自治治理等特征，可以为不同领域带来更高效、安全、开放的解决方案。

从技术实现上看，DApp 直接搭建并运行在公开的区块链网络基础设施之上，代替了传统依赖中心服务器的架构。DApp 的用户界面、业务逻辑和数据存储均依托区块链网络，利用智能合约（Smart Contract）来进行业务处理和状态管理。这种点对点直接互动的模式，拥有很高的可扩展性和容错性。

从使用角度看，DApp 给用户更大的控制力和参与感。用户可以直接通过密钥访问 DApp，管理自己的数据和身份。例如，在供应链场景中，DApp 允许每个企业直接掌握自己的库存、订单、物流信息，并与其他企业实时共享数据，而无须通过中心平台。医疗 DApp 也使患者可以掌控自己的医疗数据，并授权医生访问。

从治理角度看，DApp 通常建立在公开的区块链上，其运作规则和参数更改都需要社区参与者的广泛共识，呈现自治的特点，没有中心运营方可以主导，并做出变更。

然而 DApp 生态也面临一些挑战。首先是可扩展性问题，公有区块链的性能瓶颈制约了 DApp 的大规模商用。其次，缺乏成熟的开发工具与最佳实践也是 DApp 发展的阻碍。最后，在监管方面也需要与传统 App 区分开来，适当监管而避免"杀鸡取卵"。可以预见，随着技术的进步与规范的建立，DApp 将为更多场景带来全新的解决方案。

DApp 代表了新一代的软件架构和设计模式，它的诸多特点都基于区块链技术的优势。以下是对 DApp 的详细探讨。

技术特性：

智能合约：这是 DApp 的核心组件。它是自动执行并验证的程序代码，旨在确保合同的履行和执行。例如，一个贷款 DApp 可以使用智能合约自动验证借款人的信用，然后决定授权放款或拒绝申请。

无权限：由于 DApp 是基于开放的区块链，任何人都可以加入和使用网络，没有中央机构进行审查或授权。

应用示例：

DeFi：通过 DApp，用户可以参与去中心化的借贷、保险、交易所和其他金融服务。Compound 和 Aave 等平台允许用户通过借贷资产，获得利息或提供流动性。

去中心化身份验证：有些 DApp，如 uPort，允许用户创建和管理自己的身份，而无须依赖中央权威机构。

挑战与解决方案：

可扩展性：Layer 2 解决方案，如 Optimistic Rollups 和 zk-Rollups，旨在提高公链的处理能力，而不牺牲其去中心化的特点。此外，跨链解决方案（如 Cosmos 和 Polkadot）也尝试通过链接多个区块链来增加整体性能。

开发工具：虽然目前 DApp 的开发工具不足，但有许多开源社区和组织正在努力完善。Truffle、Hardhat 和 Remix 等工具为开发者提供了框架和测试环境来构建 DApp。

监管与合规：

隐私问题：由于在区块链上的交易是透明的，需要保护用户的隐私。解决方案包括零知识证明和混合协议，以确保交易的隐私性。

合规性：监管机构对 DApp 的合规性进行了关注，尤其是与金融服务相关的 DApp。确保其合规性需要 DApp 开发者与法律专家紧密合作。

综上所述，DApp 正处于快速发展的阶段，随着区块链技术的进步和社区的成长，DApp 将为许多传统领域带来革命性的变革，从而实现更加开放、透明和自主的数字未来。

第二节　工作原理：从哈希到共识

一、哈希算法

（一）哈希算法简介

区块链的基础是哈希算法。哈希算法，通常也被称作散列算法或杂凑算法，是计算机科学中的基础概念，贯穿于数据存储、检索、信息安全等多个领域。其核心思想是将任意长度的二进制数值输入，通过特定的算法处理，转换成一个固定长度的二进制输出值。这一转换过程是通过哈希函数来实现的。

这种输出值不仅仅是一个数字或字符串，更是数据的存放地址。换句话说，原始的输入数据会被存储在由哈希值指示的地址中。这种机制为数据的快速存取提供了可能，因为当我们知道数据的哈希值时，就可以直接访问其存储位置，从而实现高效的数据检索。

然而，哈希函数并不完美。由于输出空间的有限性，不同的输入有时会映射到同一个输出，这种情况被称为哈希冲突。哈希冲突是散列技术中的一个常见问题，但幸运的是，研究者们已经开发出了多种冲突解决策略，如开放地址法、链地址法等，以保证数据的完整性和可用性。

此外，散列算法在信息安全领域也有着举足轻重的地位。它能够从任意文件或数据中生成一个数字"指纹"。这个"指纹"就是我们通常所说的哈希值，它确保了文件的唯一性。这意味着即使在文件中只有一个微小的改动，其哈希值也会发生显著变化。因此，哈希值常被用作文件完整性的验证手段，从而告诉用户文件是否被篡改。

另外，哈希算法具有的不可逆性也是其显著特点之一。这意味着从哈希值不可能还原出原始的输入数据。这种特性使得哈希算法在密码学中尤为重要，它为数据提供了一种安全的摘要方式。

散列方法通过哈希函数，根据数据的关键码值来确定其在存储结构中的位置。这种机制不仅使数据存储更为高效，而且能够迅速地检索数据。散列技术因此成为数据结构和信息处理领域不可或缺的一部分，它的应用广泛，涵盖了从基本的数据存储到复杂的密码学应用。

（二）哈希算法的特点

（1）正向快速（Forward Fast）：正向快速是指在给定明文和哈希算法的情况下，通过有效的计算过程，在有限的时间和有限的资源内能够生成出对应的哈希值。在密码学和算法工程领域，这是一项重要的性能要求，因为正向快速性质的算法可以在实际应用中高效生成哈希值，而无须过多的计算资源。

例如，考虑一个密码学应用，如用户登录验证。当用户输入用户名和密码时，系统会对密码进行哈希，生成哈希值，并与存储在数据库中的预先计算好的哈希值进行比对，以验证用户的身份。在这种情况下，正向快速的哈希算法将能够在短时间内生成哈希值，使登录过程迅速完成，为用户提供友好的体验。

再如，数字签名，其中数据的哈希值与私钥进行加密以生成数字签名。如果哈希算法是正向快速的，数字签名的生成将在合理时间内完成，这对于确保数据的完整性和身份认证非常关键。

在设计算法时，考虑到正向快速性质，工程师需要选择适当的哈希算法和优化技术，以确保在可接受的时间范围内完成计算。同时，保持哈希值的安全性也是至关重要的，以防止恶意攻击者通过暴力破解等方式获取明文信息。

正向快速性质在密码学和算法设计中具有重要意义，可以提高应用性能和用户体验，但也需要平衡计算效率和安全性。

（2）逆向困难（Inverse Hard）：逆向困难是指在给定哈希值的情况下，通过逆向计算过程，在有限时间内很难推导出对应的明文。在密码学和算法工程领域，逆向困难性是一项关键性能指标，用于确保生成的哈希值无法被轻易破解以获取原始数据。

例如，考虑密码哈希函数的应用。当用户的密码被哈希后存储在数据库中，攻击者无法从哈希值直接反推出原始密码。这种逆向困难性意味着攻击者需要进行穷举搜索或使用其他复杂的算法来尝试找到匹配的明文信息，这需要大量的计算资源和时间。

再如，加密通信。在数据传输过程中，敏感信息被哈希加密，以确保即使数据被截获，攻击者也无法逆推出原始明文信息。逆向困难性确保了加密通信的机密性，即使攻击者获得了加密数据，也无法轻易还原原始明文内容。

逆向困难性要求哈希算法能够在逆向推导方面具有足够的计算复杂度。这通常涉及在哈希算法中引入不可逆的操作，使得从哈希值到明文的逆向计算变得极其困难，以防止恶意攻击者通过逆向计算获取原始数据。

逆向困难性在密码学和算法设计中起着重要作用，通过确保哈希值无法轻易被逆向计算，保护了数据的安全性和机密性。在算法设计时，工程师需要权衡逆向困难性、性能和安全性，以实现可靠的数据保护和良好的用户体验。

（3）输入敏感（Input Sensitivity）：输入敏感性是指对于原始输入信息的任何微小变化，都会导致生成的哈希值发生显著的、不可预测的变化。在密码学和哈希算法的设计中，输入敏感性是一项关键特性，确保即使输入发生微小变化，对应的哈希值也会发生不可预测的改变，从而提高数据的安全性和完整性。

例如，考虑一个文件的哈希值计算。如果文件的内容发生任何细微变化，如只是单个字节的修改，好的哈希算法会导致生成的哈希值与原始文件的哈希值截然不同。这种输入敏感性确保了即使是微小的数据修改，也会在哈希值中产生明显的差异，防止攻击者通过微小修改来规避数据完整性检测。

再如，用户密码的哈希存储。假设用户更改了密码中的一个字符，输入敏感的哈希算法将导致完全不同的哈希值。这种特性防止了攻击者通过对密码进行微小修改来尝试破解哈希，因为他们无法预测这些微小变化会导致哈希值如何变化。

在算法设计时，要确保输入敏感性，需要采用能够将输入的微小变化扩散到整个哈希值空间的变换。这通常涉及对输入数据进行复杂的操作，以确保输入的每个位都能影响到哈希值的每个位，从而确保输入敏感性。

输入敏感性在哈希算法的设计中至关重要，它确保了数据的微小变化在哈希值中产生了明显且不可预测的变化，提高了数据的安全性和完整性，防止了针对哈希算法的攻击。

（4）冲突避免（Collision Avoidance）：冲突避免是指在哈希算法中，很难找到两段内容不同的原始明文，使得它们经过哈希计算后得到相同的哈希值。在密码学和哈希算法的设计中，冲突避免是一项关键的安全性属性，旨在防止攻击者通过故意构造具有相同哈希值的不同输入来破坏数据的完整性和系统的安全性。

例如，假设一个哈希算法能够轻松地找到两段不同的原始明文，使得它们的哈希值相同。攻击者可以利用这一特性，构造两个不同的输入，一个是合法的数据，另一个是恶意数据，然后通过替换合法数据为恶意数据，而保持相同的哈希值，导致系统因接受恶意数据，而破坏数据完整性，甚至可能引发安全漏洞。

为了避免这种情况，好的哈希算法应该具备冲突避免属性，即使在攻击者有计算资源的情况下，也很难找到两段内容不同的输入，使得它们的哈希值相同。这需要哈希算法在输出哈希值的同时，确保输出的哈希值分布尽可能均匀，以减少不同输入之间发生冲突的可能性。

在实际算法设计中，通常采用各种技术来增强冲突避免属性，如引入不可逆操作、复杂的变换和散列函数，以及利用数学难题等方法，使得攻击者难以构造具有相同哈希值的不同输入。

冲突避免性质在密码学和哈希算法中至关重要，它确保了数据的完整性和安全性，防止了攻击者通过构造冲突来破坏系统的可靠性。

（三）算法实例

在当今的密码学领域，常见的哈希算法有 MD5（Message-Digest Algorithm 5）和 SHA 系列（Secure Hash Algorithm）。除此之外，对于加密操作，我们通常使用如 DES（Data Encryption Standard）和 AES（Advanced Encryption Standard）这样的对称加密算法。

哈希算法在加密领域的主要属性包括其不可逆性和较低的冲突概率。换句话说，从哈希值恢复原始数据应当是困难的，并且不同的输入生成相同的输出（哈希冲突）的概率应当是非常小的。

1. MD5 算法

MD5 算法，尽管在某些场景中仍被使用，但已被识别为是存在安全隐患的算法。其中，使用彩虹表是针对 MD5 的一种已知攻击方法。为了减轻这种攻击，通常会在数据后附加一个"盐"（salt）来增强哈希的复杂性。例如，哈希结果 MD5（"1234567." 2019@STARK-%$#&-idje-789）使用了"2019@STARK-%$#&-idje-789"作为盐，从而提高了其安全性。

MD5 的不可逆性得益于其底层的散列机制。MD5 提供了 2^{128} 个可能的哈希值，使得哈希冲突的概率非常小。因此，尝试找到与给定 MD5

哈希值相同的不同数据是一个计算密集型任务，超出了常规计算资源的范围。

MD5 的主要特性可以概括为确定性和不可逆性。其在实际应用中有以下用途：

完整性检查：例如，在发送电子文档或提供文件下载时，可以使用 MD5 来验证数据是否在传输过程中被篡改。

密码存储：许多系统使用 MD5 或其他哈希算法来存储用户密码的哈希值，从而增加存储信息的安全性。

数字签名：使用第三方权威机构对文件或数据进行哈希，并将结果存储作为"签名"。这样，如果将来有争议，可以重新哈希文件并与原始签名进行比较，以验证数据的原始性。

尽管 MD5 因其潜在的安全问题在某些应用中受到质疑，但它仍在多种场景中被广泛应用，并为数据的安全性和完整性提供了重要保障。然而，随着计算能力的增强，MD5 的潜在缺陷变得越来越明显，导致它在某些关键安全应用中不再受到推荐。特别是在密码存储领域，使用更加强大和安全的哈希算法，如 SHA-256 或 bcrypt 变得更为普遍。

2. SHA 系列算法

SHA 系列与 MD5 类似，也是一系列的哈希函数，但其提供了更长的哈希长度和更高的安全性。例如，SHA-256，如其名称所示，输出的哈希长度为 256 位。更长的哈希值意味着更低的冲突概率和更高的安全性。

在考虑哈希算法时，以下几点非常重要：

速度：在某些应用中，如大规模数据的完整性检查，需要一个快速的哈希算法。

抗碰撞性：良好的哈希函数应具有很小的概率为两个不同的输入生成相同的输出。

不可逆性：即使知道哈希值，也不能够恢复其原始数据。

3. DES 和 AES 算法

在对称加密领域，DES 曾经是标准的加密算法，但由于其 56 位的密钥长度现在被认为是不够安全的，所以 AES 已经取而代之。AES 支持多种密钥长度，如 128、192 和 256 位，为现代的加密需求提供了更强的安全性。

总结而言，密码学领域是一个快速发展的领域，随着技术的进步，旧的算法可能变得容易受到攻击，而新的、更安全的算法则被开发出来。因此，相关技术保持对最新安全标准的了解和适应性是至关重要的。

以 Java 为例，在 java.security 包中有一个类 MessageDigest，其官方文档如下：

"此 MessageDigest 类为应用程序提供信息摘要算法的功能，如 MD5 或 SHA 算法。信息摘要是安全的单向哈希函数，它接收任意大小的数据，输出固定长度的哈希值。 MessageDigest 对象开始被初始化。该对象通过使用 update 方法处理数据。任何时候都可以调用 reset 方法重置摘要。一旦所有需要更新的数据都已经被更新了，应该调用 digest 方法之一完成哈希计算。对于给定数量的更新数据，digest 方法只能被调用一次。digest 被调用后，MessageDigest 对象被重新设置成其初始状态。"

代码示例如下：

```java
import java.security.MessageDigest;
import java.util.Arrays;

public class MyMD5 {

    public static void main(String[] args) {
        try {
```

```
        MessageDigest md5 = MessageDigest.getInstance("MD5");
            System.out.println("md5(a)="+toHexString(md5.digest("a".
getBytes())));
            md5.reset();
// 重置 MessageDigest 对象，以保证 md5(abc) 的计算不受 md5(a) 的影响

md5.update("abc".getBytes());
            System.out.println("md5(abc)="+toHexString(md5.digest()));
        } catch (Exception e) {
            e.printStackTrace();
        }
    }

    /**
     * 使用 Java 8 的流，将字节数组转换成十六进制字符串
     * @param bytes
     * @return
     */
    private static String toHexString(byte[] bytes) {
        return Arrays.stream(bytes)
                .mapToObj(b -> String.format("%02X", b))
                .reduce("", String::concat);
    }
}
```

二、分布式共享与去中心化

区块链作为一种分布式账本技术，其核心创新在于利用点对点网络和分布式共识算法实现了去中心化的信任机制。从系统架构上来看，区块链网络由运行节点软件的众多节点组成。这些节点基于密码学和对等互联，共同维护一个不可篡改的分布式数据库。

具体来说，区块链系统将数据副本分布式存储在全网范围内大量节点上，每个节点都保存着完整的账本数据，实现了冗余备份和分布式共享。这消除了中心数据库的单点故障风险，增强了系统的高可用性和容错性。

此外，区块链系统不存在中心节点，网络维护和数据变更的决策权由所有节点共同进行基于共识算法的分布式协作，这实现了网络的自治以及去中心化治理。相比于中心化系统的"信任中介机构"模式，区块链上的节点只需要信任系统的密码学规则，而无须信任特定实体，降低了信息不对称和道德风险的问题。

分布式共享和去中心化是区块链技术的核心创新和优势所在，它彻底改变了数据管理的模式，为点对点价值传递带来了更加开放、安全、高效的解决方案，具有广阔的应用前景。

区块链技术的独特之处在于它结合了密码学、经济模型和分布式计算三大领域的成果，从而为解决传统中心化系统中的信任问题提供了一个全新的方案。这使得区块链技术能够在多个领域中为各种问题提供解决方案。具体体现在以下两个方面：

第一，节点与网络。

完整节点：这些节点在网络中扮演关键角色，它们验证并转发交易，同时保持整个区块链的完整副本，确保数据的真实性和一致性。

轻节点：不同于完整节点，它们只下载区块链的部分数据，主要服务于移动设备或资源受限的环境。

第二，密码学的作用。

密码学在区块链中的应用不仅是为了安全性，还为数据的真实性和一致性提供了保障。通过公私钥机制，每个参与者都可以生成独特的身份，并对交易进行数字签名，以确保交易的完整性和不可抵赖性。

三、共识机制与交易验证

共识机制作为区块链网络的关键组成部分，解决了去中心化环境下节点就交易和区块状态达成一致的问题。由于缺乏中心机构的权威，共识机制通过规定特定的规则和协议，确保网络中的节点能够达成一致意见，从而保障整个网络的安全性和可信度。

在区块链中，共识机制的核心目标是选择一个节点，使其有权将新的区块添加到区块链上，以及验证交易的合法性。这防止了恶意行为，如双重支付、伪造交易等。PoW 和 PoS 是两种主要的共识机制。

PoW 是一种耗能计算的机制，要求节点解决一个复杂的数学难题，谁先解决谁就有权添加区块。这需要大量的计算能力，以确保网络的安全性，因为攻击者必须花费巨大的计算资源来控制网络的大多数计算能力。比特币就是一个应用了 PoW 机制的典型例子。

PoS 则基于持有加密货币的数量来确定谁有权添加新区块。持有更多货币的节点在选择区块时有更多的机会，这鼓励了货币持有者维护网络的稳定性。以太坊 2.0 是正在转向使用 PoS 作为共识机制的例子。

这些共识机制确保了区块链网络的数据一致性和安全性，使节点在分散的环境中能够就交易和区块状态达成共识。使用者可以根据不同的应用需求和网络目标，选择适合的共识机制，以平衡性能、能源效率和安全性的要求。

共识机制不仅是去中心化网络的基石，而且是所有参与者相互之间建立信任的关键工具。在没有第三方或权威机构的情况下，通过共识机制，网络中的所有节点可以确信其接收和验证的数据是真实和准确的。

细分共识机制：

PoW：

原理：节点必须解决复杂的数学难题来证明其进行的工作量。

优点：由于高度的计算要求，攻击网络变得昂贵且不实际。

缺点：高能耗、可能引发"51%攻击"。

PoS：

原理：基于节点持有的资产量和持有时间来选取验证者。

优点：相比于PoW，更为环保，降低了"51%攻击"的概率。

缺点："长者在上"可能导致资源集中。

DPoS：

原理：选举有限数量的代表节点来完成共识过程。

优点：更快速的交易确认，降低了中心化的风险。

缺点：可能存在贿赂和串通等潜在问题。

权威证明（Proof of Authority，PoA）：

原理：基于个体或组织的身份和声誉选择验证者。

优点：高效，适合私有或联盟链。

缺点：更中心化，信任基于验证者的身份。

随着区块链技术的发展，不同的共识机制需要应对各种潜在的攻击和风险。例如，PoW系统可能面临"51%攻击"，即其中一个恶意实体控制了大部分的哈希能力。而PoS可能面临"无利害攻击"（NothingatStake Attack），参与者可能试图在多个分支上验证交易，因为这样做几乎没有成本。

共识机制是区块链的心脏，它确保了去中心化网络的运作，并使所有参与者可以信任该网络。选择合适的共识机制取决于应用的特定需求，包括速度、安全性和去中心化程度等因素。在探索适合的共识方法时，关键是找到那些可以满足特定网络要求的方法，同时最大限度地降低潜在风险。

四、实例思考

供应链管理 DApp，旨在协助生产商、运输商和零售商等供应链参与者追踪产品的流通路径和历史信息。在这个场景中，区块链技术的多个关键特性得以应用，确保了供应链数据的透明性、完整性和可靠性。

当在供应链中发生交易时，如产品从生产商转移到运输商，交易相关的数据被创建，并在区块链网络中广播。这些数据包括交易的细节、参与者身份和交易时间戳等，为了保障数据的完整性和真实性，每笔交易数据经过哈希算法计算生成唯一的哈希值，这个哈希值就是数据的数字"指纹"。

节点通过验证这些哈希值，确保数据未被篡改。区块链网络中的节点，即供应链中的不同参与者，可以验证交易的哈希值是否与其相关数据一致，从而验证数据的真实性。这种验证过程依赖于区块链的不可篡改性，即一旦交易数据被写入区块链，其哈希值无法被修改，确保了数据的安全性和可靠性。

同时，供应链管理 DApp 还利用了共识机制，以确保交易被适当地验证和添加到区块链。节点通过共识机制的引导，竞争权利来添加新的交易块，可以是 PoW 或 PoS 等机制。这确保了只有合法的、被验证的交易才能被添加到区块链中，从而进一步保障了数据的可靠性。

最终，供应链参与者通过访问 DApp，可以透明地查看产品的历史记录和流通路径。这种透明性减少了数据不一致和造假的可能性，增强了供应链的透明性、可追溯性和数据管理的效率，为供应链管理带来了重要的改进和优势。

第三节 公有链与私有链：优势与挑战

区块链有公有区块链和私有区块链之分，不同的区块链有着不同的功能和内涵。

一、公有区块链

（一）公有区块链的定义与特点

公有区块链是所有的人都能够到系统里来获取里面的数据、将可确认的交易发送出去、竞争记账的区块链，全世界所有的人都可以使用它。[①] 公有区块链是完全去中心化的，这意味着没有单一的实体或组织能够控制或管理这一网络。这一点对于增加系统的安全性和稳定性至关重要。因为数据是分布式储存的，即使某些节点受到攻击或崩溃，其他节点依然可以维持网络的正常运行。因为公有区块链是开放给全世界所有人使用的，所以它具有极高的包容性。不论你身在何处，都可以无须通过第三方机构，直接参与到这个系统中。这一点对于那些没有银行账户或无法访问传统金融系统的人来说尤为重要。

（二）公有区块链的优势

1. 网络效应

区块链技术自诞生以来，就以其去中心化、安全可靠和高度透明的特点赢得了全球关注。特别是公有区块链，作为一个完全开放的系统，不

---

① 凌发明. 区块链 [M]. 北京：北京工业大学出版社，2019：51.

仅是向所有人开放，而且会因其广泛的使用而产生一种强大的网络效应。这在域名托管这样的实际应用场景中尤为明显。

在传统的域名交易模式下，甲方和乙方通常需要通过一个可信赖的第三方来作为中介进行托管，以降低交易风险。这种方法虽然能够保证交易的安全性，但也存在一些不足，如交易成本增加、时间延迟等。尤其是中介通常会收取一定比例的手续费，这无疑增加了交易的总成本。而公有区块链提供了一个全新的解决方案。在一个基于区块链的域名系统中，通过智能合约的自动执行，甲方和乙方可以直接进行点对点的交易。一旦乙方付款，智能合约将自动将域名权转移给乙方，从而在很大程度上降低了交易风险。由于是在公有区块链上进行的，这个过程是完全透明和不可篡改的，因此信任问题基本上不存在。更为重要的是，公有区块链具有强大的网络效应。由于它是全球开放的，任何人都可以参与进来，这将扩大交易的潜在市场规模。不仅如此，公有区块链还是一个公共的数据库，可以轻易地整合不同行业的不同资产，从而大大提高交易效率。这是私有区块链所难以企及的方面。

2. 让用户免受开发者的影响

公有区块链的去中心化特性确实带来了一种全新的用户保护机制。在这种结构中，即使是程序的开发者也无法干涉用户的操作或修改已经发布的智能合约。这种自主放弃权限的行为，在传统中心化的系统里可能看起来是不合逻辑甚至是不可理解的，但从更高层次的经济和社会分析来看，这样的"妥协"其实是一种隐藏的力量。当开发者决定建立一个去中心化的系统时，他们实质上是在信任上做了一次"前瞻性投资"。这种投资很难量化，但其回报是巨大的。因为当人们看到连创建者都无法篡改系统时，对这个系统的信任度会大大提升。这种信任难以用金钱来衡量，但它却是一切经济活动能够顺利进行的基础。信任度越高，用户参与度越高，网络效应越明显。这对于一个公有区块链项目来说，可能比任何营销手段都要有效，不仅能保护用户利益，也能进一步加强人们对该系统的信任度。从心理学角度来看，当人们意识到某件事"难以改变"或"几乎不可能发生"时，他们通常会更加愿意去信任和接受这样的系统或人。

另外，从经济学的角度来看，这种主动限权的行为实际上是一种"承诺机制"。它减少了信息不对称和潜在的"道德风险"问题，让所有参与者都能在更平等、更公正的环境下进行交互。这样的机制，不仅能促进更高效的资源分配，还能减少交易成本。

二、私有区块链

（一）私有区块链的定义与特点

私有区块链的私有区块是指该系统不对外开放，仅在组织内部使用的系统，如企业的票据管理、账务审计、供应链管理等系统，或者是一些政务管理系统。[①] 私有区块链在商业和金融领域越来越受欢迎，主要是由于其在隐私、安全性、交易成本和速度等方面的优势。虽然与公有区块链相比，私有区块链的开放性和去中心化程度相对较低，但它确实有一系列的优点，特别是在需要严格身份验证和高度保密的环境中。由于私有区块链由单一的组织或联盟来控制，因此可以更有效地保护参与者的隐私。与公有区块链中的所有交易都是公开和可追溯的不同，私有区块链能够限制哪些人可以看到和参与到交易中。

（二）私有区块链的优势

私有区块链的优势主要体现在以下几个方面：

---

① 谭粤飞，陈新，程宇. 区块链技术基础教程 [M]. 沈阳：东北财经大学出版社，2020：13.

1. 良好的隐私保护效果

私有区块链的数据读取和写入权限通常仅限于特定的参与者，这意味着非授权用户不能访问、修改或删除存储在区块链上的数据。这种数据隐私的高级别尤其适用于需要严格数据保密的应用场景，如金融交易、医疗记录以及企业内部资料。

2. 验证者公开

在私有区块链中，验证者（也称为节点）是公开和已知的，一般由拥有区块链的组织或合作方来维护。这消除了所谓的"51% 攻击"的风险，即一个恶意攻击者控制超过 51% 的网络算力以篡改交易记录。因为验证者是受信任和已知的实体，所以这种攻击在私有区块链中是不可能或极不可能发生的。

3. 交易成本相对较低

由于私有区块链通常只有几个受信任的高算力节点进行交易验证，因此交易的确认过程通常会更快，成本也会更低。这是因为不需要在一个庞大的、分布式的网络中寻求广泛的共识。简单、高效和低成本的交易使得私有区块链在大量交易和高吞吐量的环境下特别实用。

4. 支持规则修改

私有区块链的规则和协议可以根据特定需求进行定制和修改。这为组织提供了更大的灵活性，允许他们根据实际需要改变交易速度、安全性水平和其他参数。这种灵活性也使得私有区块链能更容易地与现有的系统和业务流程集成。

5. 节点连接与人工修复

由于私有区块链所有节点都是已知和受信任的，因此如果出现问题，可以在很短的时间内通过人工进行修复。此外，通过使用先进的共识算法，私有区块链可以减少区块确认时间，进一步提高交易速度。

除了以上列举的优点外，私有区块链还可以更容易地实现与其他系统的集成，如数据库和现有的企业资源规划（ERP）系统。这是因为与公有区块链相比，私有区块链的运行环境和标准通常是更加可控和可定制的。

第四节　智能合约与 DApp

一、智能合约

传统交易模式面临多方数据不一致、信息不透明、效率低下等问题，这些问题在复杂的金融交易环境中尤为明显。与此同时，参与各方由于信息交流效果差，相互之间的信任度逐渐下降，存在数据被随意篡改的可能性。而区块链技术和智能合约的存在可以很好地解决这些问题。

区块链技术采用分布式账本的形式，使数据信息不再仅储存在单一或多个中心化的数据库中，而是分散在网络的各个节点上。这样做的好处有以下两点：一是由于数据分布在不同的节点上，对数据的任何篡改需要获得网络上大多数节点的认可，大大降低了数据被恶意篡改的可能性；二是这种分布式的数据储存方式增加了信息的透明度，使任何参与方都可以验证交易信息的准确性。

智能合约作为区块链技术的一个重要应用，提供了一种自动执行、不可篡改的交易机制。它按照预先设置好的规则运行，当达到某种条件时，合约会自动执行相关操作。这不仅提高了交易效率，也极大地减少了人为干预和出现错误的可能性。以往烦琐复杂的交易流程得以简化，使交易变得更为迅速和精确。智能合约不仅在数字货币领域有着广泛应用，在金融、供应链、房地产、医疗等多个领域都有明显的优势。

智能合约引入区块链是区块链发展过程中的一个里程碑。它解决了传统交易模式中的多个问题，使得数据更为安全、透明，同时大大提高了交易效率。这种技术不仅有助于减少不必要的时间和成本消耗，还提高了交易各方之间的信任度。

（一）智能合约的基本概念

尼克·萨博（Nick Szabo）首次提出了智能合约这一概念，并将其定义为一套以数字形式定义的承诺，包括合约参与方可以在上面执行这些承诺的协议。[①] 这个概念的出现，开启了一种全新的交易与合约模式，是现代金融科技与法律交叉领域里的一场革命。

以飞机延误险为例，传统的赔付过程常常烦琐且低效，乘客在飞机延误后，通常需要拨打客服电话、提交各种证明，甚至多次与保险公司沟通才能完成赔付。这一切都造成了时间与精力的大量浪费。而智能合约技术则可以大大简化这一过程。一旦与航班数据连接，智能合约在航班延误发生后即可自动触发赔付流程，乘客无须进行任何额外操作就能收到赔付，大大提高了效率。这一特性也让智能合约在其他领域有着广阔的应用前景。例如，在供应链管理中，运用智能合约可以自动追踪产品从生产到销售的全过程，并在质量不合格时自动追责；在金融市场交易中，智能合约能自动完成复杂的交易和结算流程；在房地产领域，智能合约可用于自动转移产权，在交易达成后自动完成房地产过户等。

（二）智能合约与区块链

智能合约概念问世初期，还没有一个能够良好运行的平台，而区块

[①] 林熹.区块链导论 [M].北京：机械工业出版社，2021：46.

链技术的出现和发展使这一问题得到了很好的解决。

区块链的核心特点——去中心化、透明性、不可篡改和安全性，为智能合约提供了强有力的支撑。在这个分布式账本上，所有节点都会严格按照既定的逻辑执行智能合约。这就确保了合约一定会被执行，且不会在执行过程中被修改，即使有恶意节点试图修改合约逻辑，由于区块链的验证机制，这样的修改也不会被其他节点承认。在区块链上运行的智能合约其实就是在一个"沙盒"环境中运行的可执行程序，这个"沙盒"环境为智能合约提供了一个安全、隔离的执行空间，确保其运行不会对整个系统造成威胁。同时，智能合约的所有操作与状态都需要通过共识机制被记录在区块链上，进一步确保了其安全性和透明性。

智能合约和区块链的关系是相辅相成的。智能合约不仅为区块链提供了强大的应用接口，使得区块链可以构建各种信任的合作环境，也因此成为区块链的核心技术之一。反过来，区块链也为智能合约提供了一个理想的运行平台。

（三）运行原理与环境

区块链技术在金融、供应链、医疗和其他多个领域有着广泛的应用前景，智能合约是其中一项最具革命性的创新。与传统的合约不同，智能合约是基于代码的、自动执行的契约形式，能在区块链平台上独立运行。它们具有初始状态、转换规则、触发条件和相应操作，一旦被部署和触发，将自动执行预定的任务。

智能合约在被上传到区块链之后，需要经过共识机制的验证，这意味着网络中的多数节点需要达成一致，认为该合约是有效和可执行的。这一步大大增加了智能合约的可信度，因为任何不正当的更改或错误都将被网络中的其他节点发现和拒绝。一旦验证通过，合约的运行状态和输出数据都会被永久记录在区块链上。这不仅确保了数据的不可篡改性，也增加了数据的透明度。为了避免潜在的安全风险，智能合约需要在与外界环境隔离的"沙盒"中运行。沙盒是一种模拟环境，在这里，智能合约可以在与宿主系统之间、合约与合约之间进行隔离，确保它们可以独立运行，不会互相干扰。目前，区块链主要支持两种类型的沙盒环境：虚拟机和容器。这些技术可以有效地隔离智能合约，使其在一个安全的环境中运行，从而减少潜在的安全威胁。

智能合约通常使用图灵完备的编程语言编写，这意味着它们具有强大的可编程能力。除了基础的数据类型，如整数（int）、字符串（string）和数组（array）等，智能合约还支持更高级的操作，包括条件判断、循环、跳转和分支等。这使得智能合约不仅能够进行基础的逻辑运算，还能处理更复杂的任务和流程。同时，它们还具有支持面向对象编程的特性，如接口和继承，为构建复杂的、多层次的合约系统提供了更多的灵活性。

（四）安全问题

智能合约虽然被广泛赞誉为区块链技术中最具潜力的创新之一，但在实践中，其安全性和合规性问题不能被忽视。一个主要的问题是，与传统法律合同不同，智能合约多数是由编程人员而非法律专家编写的，因而在编写过程中可能会忽略或误解某些法律细节和实践，从而产生法律上的漏洞或缺陷。这个问题凸显了跨学科合作的必要性。法律专家和编程人员需要联手，以确保智能合约不仅在技术层面是有保证的，而且在法律层面也是可靠和合规的。法律专家可以帮助解释合约条款的法律意义和潜在的法律风险，而编程人员则可以将这些条款准确地编码到智能合约中。另一个问题是，高级编程语言的不确定性。例如，部分区块链平台可能采用Java等高级语言来支持智能合约。高级语言可能包含一些不确定性或有歧义的内容，会影响系统的一致性。为解决这个问题，一些区块链平台已经进行了改进。例如，Fabric引入了"先执行、排序，再验证写入账本"的机制，以确保系统的一致性；以太坊也采取了限制性措施，只允许使用具有确定性特质的编程语言。

随着区块链和智能合约技术的不断发展，编写这些合约的过程将会变得更加严谨和规范。这不仅需要编程人员具备更高水平的专业知识，还需要他们与法律专家、审计师和其他相关专业人士进行更紧密的协作。对于智能合约的未来，一个可预见的趋势是持续的教育和培训。随着区块链技术渗透到越来越多的行业和应用场景中，编程人员需要具备更广泛的知识储备，包括法律、金融、供应链管理等多个领域的专业知识。此外，智能合约的标准化也将是未来发展的重要方向。智能合约通过建立一套统一的编写和审核标准，可以进一步提高自身的安全性和合规性。这样，无论是在何种应用场景或行业中，智能合约都能提供一致和可靠的服务。

二、DApp

（一）DApp 的概念

在探讨 DApp 之前，了解在日常生活和工作中用到的中心化互联网应用程序和软件是至关重要的。常见的这些应用程序基于中心化架构，主要分为客户端应用和网页应用，前者基于客户端 / 服务器端架构（C/S 架构），常见的手机 App 就属于此类；后者基于浏览器 / 服务器端架构（B/S 架构）。这两种架构都高度依赖后端服务器。在这样的系统中，服务器通常承担数据的主要存储和处理工作，因而处于绝对的核心地位。这种集中式的数据存储和处理模式使应用程序的所有者（无论是公司还是个人）能够轻易地积累用户数据，并据此获得超高利润，如通过广告营销或用户消费行为的大数据分析。

但这种集中式架构也有明显的弊端：单点故障的问题。即便是性能非常强大的服务器集群也不能完全消除这一问题，因为所有数据和服务仍然依赖于一个或一组中心化的服务器。一旦这些服务器出现故障，将对整个客户端网络造成重大影响。这种脆弱性不仅可能导致数据丢失，还可能使企业遭受巨大的经济损失。基于这些问题，分布式系统和分布式应用近年来取得了长足的发展和进步，其中影响力较大的就是 DApp。

DApp，即分布式应用，指的是那些运行在多台计算机上，具有跨终端和跨操作系统特性的应用。这些应用程序可以是基于多中心的服务器架构设计的，也可以是基于 P2P（点对点）网络而设计的。这样的设计具有明显的优点，如高度的可扩展性和抗单点故障等。相对于分布式应用，去中心化应用有着更严格的定义。它不仅要求应用在架构上必须是去中心化的，还要求整个系统不能归属于某个特定的主体或利益集团。

以 BitTorrent 这样的 P2P 文件传输应用为例，其性能和效率在很大程度上依赖于用户愿意共享的文件种子数量，种子数量多不仅能提高网络文件资源丰富程度，还能提高下载速度。然而，共享种子文件意味着用户需要耗费硬盘存储空间和网络带宽。这在很大程度上导致了一个问题：在没有足够激励的情况下，大多数用户更愿意删除不再需要的种子文件，以节省自己的资源空间，这样一来，整个系统的性能就会受到影响。这个问题并不是近几年才出现的。事实上，P2P 文件传输工具早在 20 世纪 80 年代初期就开始兴起，当时它被视为下一代互联网应用的新希望。但是，由于缺乏有效的激励机制和其他种种因素，至今仍然存在许多 P2P 应用虽然保持着去中心化的特性，但在用户增长和规模方面已经陷入停滞局面。

（二）DApp 的分类及其常见应用场景

DApp 可分为三大类别：金融类应用、半金融类应用和非金融类应用。[①]

1. 金融类 DApp

金融类 DApp 在近年来已成为金融科技领域的一个重要组成部分。这些应用程序利用区块链技术和智能合约，为用户提供一种更高效、更强有

---

① Block VC. 共识之美：区块链经济的全景与未来 [M]. 北京：经济日报出版社，2020：122.

力的方式来管理和使用资金。比起传统金融系统，金融类 DApp 具有透明度高、费用低和全球可访问等优势。它包括全球性支付、次级货币（Sub-currency，也翻译为子货币）、金融衍生品、对冲合约、储蓄钱包、遗嘱，甚至特殊类型的雇佣合同。下文是两种典型的金融类 DApp。

（1）代币系统。链上代币系统是近年来区块链技术的一个重要应用，广泛地影响着金融、媒体、游戏和多个领域。借助于智能合约技术，发行链上代币（通常简称为"发币"）的行为不仅增加了金融交易的透明性和安全性，也大大扩展了数字资产的应用范围。在以太坊这样的公链平台上，链上代币系统并不是一个单一的应用，而是一系列 Token 应用的集合。例如，有的代币代表美元（USD）或是某个公司的股票，有的则可能是安全且无法损毁的礼品券，或者用作系统激励的积分。

从概念上讲，链上代币系统与传统的银行账户系统有许多相似之处。两者都是基于某种形式的数据库，用于跟踪和管理资产的所有权和转移。两者的区别主要在于，链上代币系统是去中心化的，并且交易是由智能合约自动执行的，不需要通过第三方来验证或处理，而后者则与之相反。

（2）金融服务、衍生品与稳定币。金融衍生品是一种与基础资产（如股票、债券、利率、货币或大宗商品）价值相关的金融工具，其价值是由一个或多个基础资产的价值派生而来的。由于金融衍生品量化和数据化程度高，且大多可以实现标准化，因此非常适合用于将金融产品通过智能合约进行实现。

智能合约是一种自动执行合同条款的计算机协议，它是一组用来自动执行合同的代码。这些代码直接写在区块链上，是完全透明和不可更改的。因此，将金融产品以智能合约的形式实现，可以提高交易的透明度、减少信任风险、降低交易成本、提高交易效率等。然而，由于金融产品一般与市场高度关联，市场信息的变动需要及时准确地反映到合约中，才能有效触发相应的应对机制。例如，发行稳定币的对冲合约，假设为了稳定一个以以太币为资产抵押的稳定币价格，那么首先需要能密切监控外部交易市场上以太币的价格变化。最简单的方式是直接通过接入第三方的应用程序接口来获取市场信息。然而，这种方式需要依赖于第三方数据的及时性和准确性，同时需要承担第三方数据提供方的信任风险。虽然可以通过接入多方利益不相关的交易平台来对冲风险，但依然需要承担中心化所带来的信任风险（如交易平台恶意操控数据）和失效风险。因此，与金融衍生品应用所匹配的去中心化可信预言机系统将是一个非常关键的环节。只有保证链外数据的可信、准确和及时，才能真正推动链上金融衍生品的发展和成熟。

除了金融衍生品之外，借贷市场、去中心化预测市场和保险等都是区块链和智能合约可拓展的领域。然而，无论是哪一个领域，都存在着一个共同的挑战：对及时、准确和可信的外部数据的依赖。以去中心化开源借贷市场为例，其基本逻辑是通过控制坏账率来实现盈利。在借贷市场中，审核和筛选是关键，因为它们直接影响贷款的偿还率和坏账率，但这一切都依赖于外部数据，如用户的信用评分、收入状况等。这些数据大多存储在链外，因而如何获取和动态更新这些数据成为其一大问题。目前，借贷类的 DApp 通常采用高抵押率的方式来规避这一问题。但高抵押率有两个主要问题：其一，这种方式仅适用于拥有大量链上资产的客户，因而绝大多数以链外资产（如房地产、股票等）为主的客户被拒之门外；其二，如果客户拥有高于借贷额度的链上资产，就意味着客户并不是资金周转不足，从而限制了潜在的客户群体。

几乎所有金融服务和产品都离不开及时、准确和可信的外部数据获取与更新，在这一难题得到有效解决前，链上金融服务很难在短时间内大爆发。

2. 半金融类 DApp

半金融类 DApp 是一个相对新颖的概念，它代表了一个介于传统应用和金融应用之间的空间。这种应用在其设计和运作机制中涉及金融构成元素，但其主要功能并不是提供金融服务。例如，去中心化的存储系统、去中心化算力网络、去中心化传输网络、去中心化内容推送网络以及博彩竞猜类游戏等，都可以被归类为半金融类 DApp。

半金融类 DApp 的存在为去中心化带来了更多的灵活性和可用性，因为它们通常会涉及代币经济或"经济模型设计"。这意味着应用往往会通过精心设计的代币系统来激励和引导用户行为。这样的经济模型设计有多个目的：一是，激励机制，可以鼓励用户参与到系统中，从而提高系统的整体价值和效用；二是，奖励和惩罚机制，可以确保系统的健康和持续性，抑制恶意行为和操纵。在这样的体系下，代币不仅仅是一种资产或货币，更是一种用于协调和引导用户行为的工具。例如，在一个去中心化存储网络中，用户可能会通过获得代币作为存储其他人数据的报酬，同时需要使用这些代币来购买存储空间。这样，网络的每个参与者都有动机去维护和扩展该网络，从而形成一个自我维持的生态系统。此外，经济模型设计也会涉及如何设置奖励和处罚机制，以平衡各方利益并防止激励不均或者作弊行为。

（1）身份和信誉系统。在区块链世界中，区块链域名系统（Blockchain Name System，BNS）和以太坊域名服务（Ethereum Name Service，ENS）等服务极大地简化了用户与复杂地址交互的问题。这不仅提高了用户体验，降低了门槛，也为更广泛的应用场景，如信誉系统，创造了新的可能性。

类似于互联网上的 Domain Name System（简称 DNS），ENS 在以太坊链上为用户提供了一种更易记、易读的地址标识。这样，用户就不必再记住一长串的、容易出错的字母和数字组合。通过次高叫价（Vickrey）拍卖方式的维氏拍卖，用户可以采取支付 ETH 并且进行一年的 ETH 抵押来获得 ENS 域名。这一过程不仅确保了域名分配的公平性，还为以太坊生态系统带来了额外的经济活动。

BNS 和 ENS 的出现为链上行为提供了一个可扩展的信誉评估机制。

考虑到区块链本质上是一个去中心化、匿名（或者说是"假名"的）的网络，传统的信誉评估机制很难应用到这样的一个环境中。然而，通过BNS 和 ENS，一串有意义的、更具人性化的地址能够为网络参与者提供更多关于身份的信息。此外，这些系统还能用于标记和公示某些不良行为或者黑客地址。一旦一个地址被确认进行了欺诈或其他恶意行为，该地址信息可以通过链上的信誉系统被永久记录并广播，从而警示其他网络参与者。

（2）计算、存储和传输网络。去中心化存储、去中心化计算和去中心化传输属于 DApp 堆栈中的三大基础设施，是区块链 DApp 应用开发和落地的必要条件。去中心化存储是构建持久、可靠和安全的 DApp 所必需的。传统的中心化存储方式存在多种问题，如安全性不足、易于被审查、成本高昂等。星际文件系统（InterPlanetary File System，IPFS）和文件币（Filecoin）则代表了去中心化存储的一大突破。IPFS 利用哈希函数和分布式哈希表技术，能在全球范围内快速定位和访问文件，改变了传统的基于位置的文件访问方式，提高了数据的访问速度和安全性。Filecoin 则为IPFS 提供了经济激励，通过基于 token 的机制，实现了一个高效、低成本和安全的分布式存储系统。

分布式传输网络的原理主要是基于 P2P 网络构建更加中立、抗审查的传输系统，目前该领域的代表项目主要是 NKN、Mainframe 等，但鉴于分布式传输网络复杂的路由状况，目前这一领域尚未获得突破性进展。

去中心化计算虽然是区块链和 DApp 架构的一个重要组成部分，但目前这一领域的进展相对缓慢。以太坊作为一个分布式的计算平台，虽然具备一定的计算能力，但因为其高昂的交易费用和低效的计算性能，难以胜任复杂和高效的计算任务。这一问题也催生了对分布式计算网络的需求，但由于该领域的复杂性和技术难度，目前距离其大规模应用还有一定的距离。

半金融类应用是一种特殊类型的 DApp，它通过引入基于 token 的经济激励机制来引导用户行为，如分享闲置的存储、计算和网络资源。这种模式在去中心化存储（如 Filecoin）中已经得到了一定程度的应用和验证，但对于那些涉及复杂大型网络协同的 DApp 而言，其理论和开发技术难度颇大，使得该领域尚未获得实质性的突破。

3. 非金融类 DApp

非金融类 DApp 的核心功能并不以货币或金融交易为中心，而更注重其他方面的价值创造。例如，链上投票系统和去中心化治理是这类应用的典型代表。这些应用利用区块链技术的诸多优势，如公开透明、不可篡改、无须信任和无须许可等，以达到高度去中心化和自我管理的目标。

在这些非金融类的 DApp 中，虽然通常也会涉及 token，但这些 token 的功能与在金融领域应用中有所不同。在金融应用中，token 通常作为一种货币单位，具有价值尺度、流通手段、储藏手段和支付手段等多重职能。然而，在非金融类 DApp 中，token 更多地承担着信用积分、工作绩效和选票等角色。以去中心化自治组织（Decentralized Autonomous Organization，DAO）为例，它是一个在区块链上运行的，完全去中心化的组织形式。在 DAO 的组织架构下，决策不再由一个中心化的管理团队或董事会来做，而是通过一系列的链上投票和表决来进行。这里的"选民"可能是持有某种特定 token 的社群成员，他们像董事会成员或股东一样，拥有对组织重大决策的投票权。表决内容可能涉及各种内部决策，如项目的启动、资源的分配、悬赏、工资等。这样的机制允许更多的参与者在没有中心权威的情况下，通过共识达成决策，从而实现更为民主和高效的管理。这不仅能激励更多的人参与和作出贡献，还能在某种程度上防止滥用权力和腐败的问题，因为所有操作都是公开和透明的。

在 DAO 的设计过程中，大致存在两种思路，这两种思路具有不同的优缺点，适用于不同类型和规模的组织和项目。第一种设计思路是预先对 DAO 组织的未来事务进行详细推演，把所有可能出现的运作机制抽象出来并固化在链上的智能合约中。这种方法有其优点，因为它在严格意义上满足了DAO组织的定义，即通过智能合约的自动化来完成组织和事务的自治。然而，这种设计方式有一个非常明显的缺陷，那就是其鲁棒性差。在DAO创建时需要对未来的所有可能情况进行充分且完备的推演，这几乎是不可能的，尤其是在复杂和多变的现实世界中，预见所有可能出现的情况和问题并不现实。相对而言，第二种设计思路具有更高的灵活性。在这种设计中，智能合约只固化DAO组织的基本运行规则，而某些具体的事务则通过主干合约调用可更改的存储地址来进行灵活修改。这样的设计允许组织在面对未预见的情况或需要优化时，能够更容易地进行调整和更新。但这种灵活性也带来了问题，即增加了链下人为操纵的可能性。因为某些事务并没有完全固化在链上进行，所以存在一定程度的中心化风险。

从现实意义上讲，由于现实世界中的事务常常复杂多变，很难进行完备的预知和推演，因此DAO组织更适合用于一些机械化、程序化的简单事务，如资金分配、代码更新等。当需要处理更为复杂和不确定的事务时，DAO组织往往更适合作为中心化组织的一个补充，或者需要通过某种形式的中心化沟通机制和组织进行辅助和支持。

（三）DApp的设计哲学

1. 连续性

连续性不仅是一种设计哲学，更是对互联网用户使用习惯和审美趋势的全面尊重。具体来说，它意在实现最小摩擦的用户迁移，其中包括但不限于用户访问方式、界面布局、页面跳转以及色调和字体选择等方面。根据心理学研究可知，人的大脑更容易接受与过去经验有一定程度相似性的事物。这意味着，如果一个DApp的界面设计能够与用户所熟悉的传统互联网应用界面保持一定程度的相似性，那么用户将更容易、更快地适应这一新环境。从用户访问方式来看，DApp 应当尽量模仿或借鉴用户已经熟悉的传统应用界面，这样可以降低用户的学习成本，让他们更容易从传统互联网应用转移到 DApp。例如，如果一个电子商务网站的 DApp 版本能保持与其传统网页版本相似的访问路径和操作流程，用户就更容易接受和使用它。界面布局的连续性也非常重要，其布局元素的位置、大小和形状等都应当考虑用户的使用习惯。

2. 教育性

区块链与传统互联网有显著的不同，并自成一套独特的话语体系，对于大多数普通用户来说，区块链和 DApp 依然存在一定的门槛。因此，如何做好用户教育，尤其是新手教育，将直接影响 DApp 的用户留存率和推广效果。

一个好的 DApp 应该在用户首次使用时就提供一系列直观易懂的新手引导教育，可以通过教程、交互式问答或者模拟操作等形式来实现。生动有趣的教育内容不仅可以提高用户的参与度，还能有效地降低用户对新技术的恐惧感。在这方面，可以借鉴传统互联网应用中的一些成功案例。例如，许多游戏应用在新手引导环节会设计各种有趣的任务和挑战，以激发用户的兴趣和参与度。除了基础操作引导之外，DApp 也需要提供关于区块链特性、技术基础、资产和数据安全等方面的普及教育，这些信息可以通过 FAQ、视频教程、专题文章等多种形式来呈现。

3. 易用性

易用性是 DApp 设计中的一个关键部分。因为区块链本身是一个相对复杂的技术，对普通用户来说，如何简化使用体验是至关重要的。例如，DApp 需要将区块链中不必要的技术细节进行隐藏处理，但同时要保留良好的辨识度。这意味着，在用户界面设计、交互逻辑等方面，应力求直观和易操作，同时需要有足够的标识或者提示，可以让用户知道他们正在使用一个基于区块链的应用。简化注册流程、直观的操作界面、清晰的导航标识等都是易用性的具体表现。

4. 自治性

DApp 的另一个显著特点是自治性。在传统的中心化应用中，用户的资料和资产通常都存储在第三方服务器上，而 DApp 允许用户拥有对其资产和数据的完全控制权。这样的设计极大地增强了用户的数据所有权和隐私保护。然而，这也意味着用户需要更高的自我管理能力。例如，如果用户丢失了私钥，那么他们可能会永久失去对自身资产的访问权，而 DApp 也无法提供找回的服务。

为了解决这个问题，DApp 通常会提供详尽的用户帮助手册，并将其置于易于寻找的地方。此外，很多 DApp 还会努力建立用户交流社区，以便用户在遇到问题时能够自行或互相咨询以找到解决方案。

5. 自证性

由于区块链应用通常没有一个中心责任主体，提供一种让用户自行验证的信任机制显得尤为重要。DApp 通常会通过多种方式实现这一点，如提供源代码的访问、显示转账哈希等。这样，用户可以自行检查应用是否存在预留的程序后门或漏洞。同时，一些 DApp 还提供了便捷的交易追踪路径。用户通过点击转账交易 ID 或交易地址，便可以轻松跳转到第三方区块浏览器，进一步查证交易详情。

第三章　区块链与信任建立

第一节　传统信任模型的缺陷

传统的中国社会是一个相对封闭的、市场经济很不发达的熟人社会，人们生活在一个知根知底的熟人世界里，彼此之间重人情、重关系、重面子。这不仅构成了社会的基础，而且形成了一套维持社会稳定的道德原则和规范。

在这种环境下，人们之间的信任基础是排除了商业功利关系而建立在血缘亲情、朋友情义、社会人情和封建国家宗法关系基础上的道德精神和道德约束。这种信任并不是基于经济利益或商业交易，而是基于一种深刻的道德义务和责任感。血缘关系、地缘关系、业缘关系等不同的关系构成了人们彼此之间的道德身份。根据自己所处的道德身份，人们可以明确自己的道德责任，并产生相应的道德约束。这种道德约束是从他律转化而来的自律，如果一个人不履行自己的道德义务，如对君尽忠、对父母尽孝、对朋友诚信等，他就会失去面子，不仅会受到他人的谴责，而且可能会付出极大的代价——失去在关系网络中的地位，不能得到关系网络中的社会资源。反之，一个人只有因为关系而去履行义务，他才会获得信任的加强，才能在亲人、朋友、君臣的社会关系中生存，并获得生存的意义感。这表明，信任不仅是一种道德上的要求，而且是社会生活的一种基本需要。这种信任不仅是个人与个人之间的信任，而且是整个社会的信任。

它构成了社会的基础，维持着社会的稳定。与中国人际关系的差序格局相适应，中国传统的信任模式是以传统自然经济为基础，以具体人格为对象的讲究内外、亲疏有别的人格信任模式。这种信任模式强调了信任的个人性和具体性，不是抽象的、一般的信任，而是具体的、特定的信任，是建立在具体的人格上的，而不是建立在抽象的法律或制度上的。

然而，这种人格信任模式存在着较大缺陷，即信任主要囿于熟人、朋友、亲人等小团体内，具有浓厚的人情和人伦色彩。这种模式不仅带有地域性和人身依附性，而且导致了在公共生活领域中信任的缺失。在传统人格信任模式下，个人的忠诚首先是对家庭的忠诚，而对国家的忠诚往往被视为对家庭忠诚的延伸或放大。这种忠诚模式在一定程度上造成了家庭与国家之间的实际断裂，也就是说，在这个模式下，人们容易产生"只有家而无国"的心态。这种心态具体表现为信任上的个别主义，即人们倾向于仅在自己的小团体内建立和维护信任，而忽视或轻视对更广泛社会和公共事务的信任和参与。

随着中国从传统社会向现代社会的转型，人格信任模式的局限性越发明显。其主要原因在于：其一，现代社会结构和经济体制带来的多方面变化，不仅扩大了人们的交往半径，而且瓦解了传统的人际关系网络。全球化和世界贸易体系的形成使得现代社会成为一个开放的大舞台，而不再是传统意义上较为封闭的小社群。在这样的环境下，人们需要与有各种背景、文化和信念的人打交道，也就需要一种更为包容和普遍的信任模式。其二，社会分工的日益细化和经济活动范围的扩大，使人们不再仅仅依赖与自己有血缘或地缘关系的人。经济利益关系逐渐取代了这些传统关系，使得信任的构建更加复杂。其三，随着城市化的发展，人们从各地汇聚到城市，形成了更为复杂的社会结构。与此同时，由于工作、教育等因素，人们可能需要频繁地改变居住地，这种较强的流动性使得长期稳定的人际关系更加难以建立。

随着社会和经济的快速发展，传统的人格信任模式已经难以满足现代社会的需求，而区块链在塑造新型人际关系、建立新信任机制方面的重要作用日益显著。

第二节　区块链：让数据产生信任价值

区块链技术，在多方面给传统互联网技术带来了颠覆性的影响，特别是在数据安全、信任价值和去中心化方面。区块链作为一种新型结构的数据网络，能够通过多个服务器进行数据共识。这种数据共识机制的实现，归功于某种协议，通常是一种共识算法，如权威证明、工作证明或权益证明等。在这种机制中的数据经过不可逆的哈希算法转变后，就能永久地记录在所有服务器上，实现数据的不可篡改性。这就为数据提供了高度的信任价值，因为一旦数据被确认生成，就很难被篡改或删除。

在根本上，区块链技术是一种高度安全和可靠的数据库技术，或者更准确地说，是一种账本技术。这种账本能够记录一个或多个账户的资产变动和交易情况，类似于平常在笔记本上记录的流水账或银行发来的对账单。然而，与传统账本不同，区块链账本是分布式的，即数据存储在多个节点上，而不是集中在单一位置。因此，数据的安全性得到了极大的增强。

区块链技术的安全性主要体现在两个方面。一方面，分布式存储架构使得即便某几个节点出现问题或被攻击，也不会影响整个网络的数据完整性。另一方面，去中心化和防篡改的设计确保了数据的真实性。在区块链网络中，任何人都不能单方面地修改数据，必须按照网络规则进行，这样可以有效地防止数据篡改和欺诈行为的发生。区块链技术还在很大程度上改变了交易模式。以网购为例，在传统模式中，买家在购买商品后，需要通过第三方支付平台支付款项，然后等待卖方发货。但在区块链技术支持的交易模式下，买卖双方可以直接进行交易，不再依赖于第三方平台。交易完成后，系统会广播交易信息，所有收到信息的平台在确认信息无误后，会将该交易记录下来，相当于所有的主机都为这次交易做了数据备份。

一、区块链的最大价值——建立信任

在当前社会中，信用成为人们在日常生活与商业交往中的重要纽带。然而，信用证明通常是一个既耗时又复杂的过程。从签署烦琐的合同到支付大量的押金，再到通过中介机构进行信用评级，这些传统方式都是在补充人与人之间固有的不信任。有时，即便如此，人们仍然会面临风险和不确定性。以打车软件为例，尽管基于平台的信任机制，车主愿意将车上的空位租给陌生人，但在许多其他方面，如将多余的房间、床位、车库或厨房租出去时，人们仍然感到担忧和犹豫。因为传统的信用体系难以消除所有的不确定性和风险，人们不愿意在没有充分保证的情况下，将自己的私人财产和空间分享给他人。

而区块链则可以有效消除人们在这些方面的顾虑。由于其不可篡改和分布式的特点，区块链能够构建一个更加透明和可靠的信用体系。在这种体系下，人们的行为和交易历史将被永久记录在多个分布式节点上，形成一个全面但不可篡改的"数字画像"。这意味着，无论是个人还是企业，都可以通过这个数字画像快速准确地了解一个人或一个组织的信用状况。更进一步地说，这样的数字画像不仅包括金融交易或商业行为，还可能涵盖个人在日常生活中的各种行为，如打车、坐地铁、吃饭和购物等。这些数据都会被用来形成一个综合的信用评分，这个评分将成为评价一个人在社会和经济活动中可信度的重要标准。

这种由区块链技术支持的信用体系将极大地推动共享经济的发展，不仅仅是车位，甚至是更多的私人闲置物品和空间也将因为有了信用的保证而得以更高效的共享。在这样的环境中，人们会更愿意参与到各种形式的社会和经济交互中，因为他们知道，人们所有的行为都会被公平而准确的记录和评价。

二、利用区块链让数据产生信任价值

在数字化和全球化的当代社会，信任成了一种稀缺资源。传统的信任机制，如第三方背书、信用评分和监管机构，已经无法满足日益复杂和多变的交流与交易需求。而与此同时，网络犯罪、信息不对称、身份冒充和数据篡改等问题使得网络环境愈发令人担忧。在这样的背景下，区块链作为一种全新的信任机制，具有突破性的意义。

在人类历史上，信任通常是由基于个体或群体之间的情感连接、文化背景、社会规范等多因素综合形成的。这种信任模型受到了各种限制，如地域、文化和社会结构等。但是，区块链技术为信任的建立提供了一种全新的、理性的基础，通过加密算法和分布式账本，区块链让人们可以在没有任何社会和文化背景的情况下建立信任。人们在网络环境下进行各种交流和交易时，很多时候都需要通过第三方机构来证明自己的信任度，不仅增加了交易成本，还可能因为第三方机构的不可靠而导致交易双方信任破裂。区块链技术通过其不可篡改和全网见证的特点，有效地解决了这个问题。在区块链网络中，每一笔交易都会被全网的节点记录和确认，从而确保信息和数据的真实性。

区块链还具有推动合作的能力。传统的合作模式通常是基于各方的相互信任，而这种信任往往是难以量化和证明的。但区块链通过分布式数据和智能合约技术，能够让所有参与方在信息对称的环境下进行合作，不仅大大减少了合作的难度和风险，而且提高了合作的效率和质量。

对于金融资本和实体经济来说，区块链的潜力更是不可限量的。随着数字资产和实物资产的转移和交换越来越依赖网络平台，区块链能够提供一种安全、高效、透明的交易机制。这不仅能够降低交易成本，提高资本的流动性，还可能促进全新的商业模式和合作形态的出现。从这个角度来看，区块链不仅是一种新的信任机制，更是一种能够推动社会经济全面发展的基础设施。

第三节　用区块链打造信任

计算机科学和区块链技术都在解决相似的基本问题：如何在一个复杂、动态和不完全可信的环境中创建可靠和有用的系统。[①] 例如，在搜索引擎方面，计算机在确定网页是否有吸引力时陷入了一个循环：一个网页是有趣的，其他有趣的网页会链接到它。这样的一个定义是递归和自引用的，因而在理论上是无解的。

然而，实践中的突破往往来自创新性的解决方案。康奈尔大学和斯坦福大学的研究人员分别开发了解决这一问题的方法。尤其是谷歌的搜索算法——斯坦福大学的研究生拉里·佩奇（Larry Page）和谢尔盖·布林（Sergey Brin）开发、运用了一种名为"PageRank"的算法。PageRank 通过分析网页之间的链接关系，判断哪些网页更"重要"，并为每个网页分配一个权重值。谷歌因此成功地解决了这一问题，并且极大地推动了互联网的发展。在金融和分布式系统方面，区块链和加密货币，如比特币，面临的挑战类似，加密货币的价值似乎是从无到有的过程，因为它的价值完全取决于人们是否认同这一价值。

区块链代表了一种信任的重塑。在一个去中心化的系统中，没有单一的实体或权威可以被信任，但通过加密技术和共识算法，区块链提供了一种机制，使参与者可以在不信任任何单一参与者的情况下建立信任。这种"去信任下的信任"构成了区块链的基础，使其能够用于各种应用场景，从货币和金融交易到智能合约和去中心化应用。

正如谷歌的搜索算法重塑了我们获取和理解信息的方式，区块链技

---

① 胡健，邓志娟．一种基于知识发现的拓展型竞争情报系统 [J]．计算机与现代化，2008（12）：58-62．

术也在塑造一种特殊类型的信任，这种信任在很多方面具有独特性和局限性。这不仅改变了数据的存储和传输，还改变了个体和组织之间互动和建立信任的方式。谷歌的搜索算法通过复杂的数学模型来评估网页的相关性和可信度，从而使用户更容易找到所需的信息。在这个过程中，算法作为一种中介或者说是"信任代理"出现，使用户信赖谷歌为他们提供的高质量和相关信息。区块链也采用了类似的逻辑，但在一个更去中心化的环境中，通过加密经济约束、将密码学的数据保证与经济激励相结合，区块链网络创建了一个没有中央控制点的分布式系统。在这里，信任不是由单一的中介（如银行或政府）来维护，而是由软件算法和网络参与者共同维护。一旦信息被记录在区块链上，更改它将变得非常困难但不是不可能的，这为信任提供了一种新的基础。

一、分布式

区块链技术已经彻底改变了信任的概念和实施方式。在传统金融系统中，信任是集中的，通常是银行或其他监管机构承担起维护信任的责任。这一模式有其缺陷：一旦信任破裂，整个系统就会崩溃。而区块链则提供了一种全新的解决方案，它将信任从单个机构转移到了整个网络。在区块链网络中，没有单一的管理节点或层次关系，每个参与节点都有完整、准确的区块链副本。这就意味着，即便是一个或几个节点崩溃或行为不端，整个系统依然能维持其完整性和可信度。这种去中心化的信任机制解决了传统集中式系统中的一个主要短板：单点故障的风险。此外，公共区块链系统具有高度透明性，任何人都可以访问和验证交易数据。这样做的结果是，交易主体对单个参与者（无论是数据收集者、节点运营者、代码创建者，还是普通用户）的信任需求减少，而对整个系统的信任度增加。

许可式账本在某种程度上放松了这一限制，但它没有完全放弃透明性。在许可式分布式账本系统中，只有获得授权的参与者才能够加入网络和访问数据。这种方式允许组织在确保信息安全的同时，实现高效、可信的交易，典型的应用例子是 Symbiont 的联合贷款试验和沃尔玛的食品安全试点项目。在这些项目中的参与者通常会对许可式账本有更高的信任度，因为所有交易都是透明的，并且只有经过认证的成员可以访问或添加新的信息。而与传统安排相比，这样的系统还降低了中介成本和延迟，提高了整个流程的效率。

分布式信任架构可以解决在现代社会高度复杂和多层次系统中存在的信任缺口问题。传统的信任模型是层次化和中心化的。例如，在银行体系中，客户需要信任银行以确保自己的资金安全；在食品供应链中，消费者需要信任生产商、分销商和零售商以确保食品的质量和安全。这种信任体系的问题在于，如果任何一个环节出现问题，整个系统的信任都会受到影响。区块链技术的出现挑战了这种传统的信任模型。在区块链中，信任是分布式的，它不依赖于单个实体或组织，而是由网络中的多个参与者共同维护的。这样做的好处是即使单个组件（如一个不诚实的节点或参与者）存在问题，也不会影响整个系统的可信度。

互联网的路由结构是为了高效、可靠地传输数据而设计的，而不依赖于单一的中心节点。每个数据包按照"最大努力"原则在网络中传播，并由多个独立操作的路由器处理。如果某个数据包在路由过程中丢失或损坏，互联网的协议将快速检测这一点，并重新发送数据包。因此，尽管没有单一的节点或路由器可以保证信息的完整传输，但是整个系统能提供可靠、稳健的服务。区块链的设计哲学与之相似。在传统的数字经济模型中，大量的信任集中在少数几个大型中心化机构中，如银行、支付网关或第三方审计机构。区块链通过分布式账本和共识机制，使这种集中的信任变得不再必要。就像互联网数据包在多个节点间自由流动，区块链允许价值（如货币、资产或数据）以分布式、去中心化的方式进行传输和验证。这种分布式信任架构极大地降低了整个系统对单个参与者的依赖性，从而增加了系统的韧性和抗干扰能力。此外，由于不再需要中心化的信任机构，系统内的交易成本和复杂性也大大降低。这种设计方式还有助于创造一个"价值互联网"，在这里，人们可以像在互联网上发送数据包一样，进行支付和交易，而无须依赖中心化的第三方机构。

二、加密经济学

加密经济安全性是公共区块链网络的显著特征。这意味着参与账本确认的各方是通过经济来激励的。就比特币而言，这是第一个解决哈希难题的机会，每十分钟即可赢得区块奖励。与之相对，许可式账本网络，如一些企业级的区块链平台，通常不采用这种经济激励的机制。这些网络中的节点通常是事先认证过的，因而没有必要用经济手段去激励他们行动。在这些网络中，安全性主要依赖于加密技术和网络参与者的信任关系，而不是像公共区块链那样依赖经济激励。这就是公共和许可式账本在网络之间主要的分界线之一。

公共区块链架构的核心问题其实是一个在社会学和政治理论中长久存在的问题：在一个由不完全可信任的个体组成的系统中，如何达成可靠的共识？这个问题的复杂性在于人的行为通常是投机取巧的——当违规行为的收益超过其潜在成本时，人们很可能就会违规。传统的解决方案是通过制裁来维护规则。在现实世界中，如果你违反了法律或合同，通常会受到罚款、监禁或其他形式的惩罚。而在公共区块链架构中，传统的制裁机制往往无法有效应用，因为这些网络是去中心化和匿名（或者至少是半匿名）的。在这种情况下，区块链通过加密经济激励来解决这个困境。矿工或验证者必须为参与网络付出一定的"报酬"（如计算能力或质押的资产），并且如果他们诚实地执行任务，将会获得相应的"收益"（如区块奖励或交易费用），而如果他们试图作弊或攻击网络，那么不仅会失去可能的收益，还可能会损失他们的"抵押品"或资源。这样，经济激励和潜在的经济惩罚共同构成了一种自我调节的制裁机制。

在传统的信任模型中，不确定性通常被视为一个不可控的因素，而在区块链中，不确定性通过构建以经济激励为基础的信任机制得以解决。在区块链网络中，所有参与者都被假设为理性的经济个体，他们会根据激励做出反应。换言之，每个人都希望通过诚实或作弊来最大化自己的投资回报。但与此同时，区块链系统的结构被设计得如此巧妙，使得诚实成为最佳策略。具体来说，由于作弊者必须与网络中的大多数参与者对抗才能成功篡改信息，而这通常会为其带来巨大的成本消耗，因此诚实行为变得更加有吸引力。

三、不变性

区块链技术的不变性体现了信任的时间维度。这种分布式验证网络加密经济的设计确保了信息的准确性和记录的一致性。但即便如此，也不能保证昨天的记录就是你今天看到的。例如，你的银行余额只是存储在银行数据库中的一组数字。理论上，拥有适当授权的人可以进入数据库，将钱从一个账户转移到另一个账户，或者在账户余额中添加几个零。不过，通常情况下，这是不会发生的，因为银行执行了一系列的安全措施、内部控制和对账流程来标记未经授权的交易。但是，这些系统并不总是完美的。2016 年，黑客利用 SWIFT 系统，从孟加拉国中央银行窃取了 8 100 万美元。而其他许多记录就更不安全了。中心化系统的特性不可避免地会产生漏洞，要相信数据库中当前显示的信息是最初记录的信息，就必须信任每个中介的善意性和他们的操作流程。这正是区块链想要解决的问题：通过去中心化来建立信任。然而，即使在这样的系统中，信息也只有在高度抗篡改的情况下才是可靠的，分配验证过程实际上增加了操纵账本的可能性，因为它鼓励更多的人参与其中，而人的行为总是不可预测的。

区块链通过使交易不可变来解决这个问题。在比特币等基于区块链的系统中，每一笔交易都会被记录在一个区块中，并与之前的区块通过哈希签名链接在一起。这种结构形成了一个不可更改的数据链，也就是"区块链"。因为每一个新块都包含了前一个块的哈希签名，所以一旦数据被添加到区块链上，任何对先前数据的更改都会导致后续所有块的哈希签名不匹配，进而被网络拒绝。换言之，如果有人想更改一个已经记录在链上的交易，他不仅需要重新计算该块的哈希，还需要重新计算后面所有块的哈希，并且要在网络中占有超过 51% 的计算能力才能达成这一点。因此，在正常情况下，更改已经被添加到区块链的信息几乎是不可能的。

从某种角度来看，区块链是使用默克尔树（Merkle Tree）数据结构组成的交易历史记录。在比特币这样的早期区块链系统中，甚至没有"余额账户"的概念，也没有计算机科学中的"系统状态"。[①] 比特币余额是通过遍历一个用户的相关交易记录，并将它们加起来进行计算的，而不是存储在某个"账户"里。后来的区块链系统（如以太坊）在这一框架上添加了更多功能，如智能合约。这些合约允许在区块链上进行复杂的逻辑运算和操作，但仍然没有直接编辑账户余额的机制。改变这种局面需要一个能够防止过程重复的自动增加计数器。

在去中心化的系统和区块链技术的环境下，"不变性"是一个核心概念，它解决了传统信任机制中的一系列问题。在传统的系统中，如银行或其他金融机构，其信任是建立在中心化的参与者上的。换句话说，人们信任银行来维护、更新和保护账本。然而，这种信任是有条件的，因为银行或其他中心化实体可能存在风险，如数据篡改、内部腐败或外部攻击。与之不同的是，去中心化系统依赖加密技术和共识算法来确保不变性。在这里，不变性不仅是一种技术特性，也是一种社会和经济现象，它保证信息一旦被写入区块链，就几乎不可能被改变或删除。这意味着信任是通过技术，而不是通过中心化实体来建立的。法律学者安吉拉·沃尔奇（Angela Walch）认为，过度依赖不变性可能导致过度自信，让人们误以为系统是

---

① 胡健，邓志娟. 一种基于知识发现的拓展型竞争情报系统 [J]. 计算机与现代化，2008（12）：58-62.

绝对安全的，而忽视其潜在风险，如 51% 攻击或其他网络漏洞。此外，当法律体系试图界定或引用"不可变的账本"时，可能会产生法律不确定性和模糊性。

区块链信任不是即时建立的，而是一个逐步加强的过程。在比特币的例子中，大约每十分钟就会有一个新的区块被挖出并添加到链上。这意味着，任何新交易都需要等待至少一个新区块的产生和验证，这一点对于理解区块链的信任机制是至关重要的。信任的建立与延时有直接关联。在交易被视为"不可变"之前需要多少个区块确认，很大程度上取决于交易自身的风险程度。如果你在进行低风险的小额交易，可能就没有必要等待多个区块确认，因为速度更重要。但是，如果你正在进行一笔大额交易，如购买房产，你可能愿意等待更多的时间，以确保交易的安全性和不可逆性。在理论上，这种基于概率的信任模型非常灵活，任何人都可以根据他们自己的风险承受能力来决定等待多长时间。然而，实际操作并非如此简单。通常情况下，人们会遵循一些规则或准则，如"6 个区块确认"的约定，来决定交易在何时可以被视为"不可变"。但这只是一个任意的约定。相对于延时的数量，用户（甚至企业）很可能并不能判断他们需要给予多少信任。

区块链的不变性并不是绝对的。然而，这一事实并不一定削减区块链系统的信任价值。信任本身就是一个涉及脆弱性的复杂构建。在现实世界中，当你信任一个人或组织时，你实际上是在接受他们有可能背叛你的风险，即使这种可能性非常小。人们更容易理解现实世界中的信任，因为它涉及人类心理和社交互动，是人们可以直观了解的。但在区块链和分布式账本的情境下，信任的讨论通常更加技术性和抽象。因此，不变性成为一个重要但复杂的议题。关于它的稳固性，有多种影响因素，如网络规模、共识算法和参与者行为。这种不变性不是绝对的，一些区块链项目采用特定的治理机制，允许在特定条件下更改或逆转交易，甚至修改网络规则。

四、透明性

比特币和其他类似的网络重新定义了人们对透明度和信任的理解，在这些网络上，每一笔交易都是公开的，可以被任何人检查。这种公开性不仅限于交易数据，还延伸到了支撑这些网络的软件上，这些软件通常都是开源的。

在比特币这样的网络中，虽然交易方仅由与交易相关的加密密钥标识，但交易数据本身是公开的。这意味着，任何第三方都可以通过网络进行交易模式分析。这种透明度在很多方面是有益的。一方面，它增加了交易的可追溯性和可审计性，使得不正当行为更难以隐藏。另一方面，它允许用户或者研究者验证网络的健康状况和交易的公平性。

传统的信任架构和区块链之间存在根本的区别。传统机构，如银行和律师事务所，通常依赖保密和控制信息来建立信任。这种做法有其合理性，特别是在需要保护客户隐私或商业秘密的情境下。但这种依赖保密的信任模式在某种程度上是脆弱的，因为一旦信息泄露或被滥用，信任就可能会迅速崩溃。区块链作为一种新型的技术平台，提出了一个完全不同的信任模型。与传统的保密和中心化管理不同，区块链依靠透明和去中心化来建立和维护信任，其背后的加密经济学和博弈论机制确保了参与者不能轻易地作弊或篡改信息，即使这些系统是开放和可自由复制的。

现代密码学和软件开发的一个重要观点是，传统的"通过模糊化实现安全性"的解决方案常常是错误的，可以用结构化和透明性代替。在传统的安全模型中，模糊化或不透明常常被视为一种安全手段。例如，一个公司可能会选择隐藏其软件源代码，以防止攻击者找到漏洞。然而，这样的做法有一个明显的问题：它把安全建立在"安全性通过不知情"的基础上，这是一个脆弱且不可持续的模型。与之相反，现代密码学推崇"安全性通过透明"。例如，互联网上大多数关键软件都是开源的。开源软件能够吸引更多的开发者参与，这意味着更多的人可以检查代码、找出潜在的漏洞。这种透明性同样适用于密码学。在使用公钥加密的情况下，加密算法是公开的，任何人都可以查看和分析它。这样做的优点是，一旦有人发现算法的潜在漏洞，就能够及时修正，从而维护整个系统的安全性。更重要的是，即使攻击者知道加密算法，但没有相应的私钥，他们也无法解密信息。

区块链推崇的从透明度中生成信任的观念，并不是一个全新的概念。在金融界，尤其是上市公司，透明度和信任长久以来就是其运作的重要组成部分。这些公司需要定期公布财务报告，并接受独立第三方的审计，以证明其财务状况的真实性和准确性。然而，这一系统并非完美无缺的，历史上有诸如安然和世通等公司的案例，暴露出即便在严格的审计制度下，依然可能出现信息不透明和信任崩溃的情况。其中的问题往往出现在人的动机和激励机制上。传统的审计体系有时可能因为审计师和公司之间的不当关系或者利益冲突，而不能完全保证信息的真实性和准确性。这与投资者和公众利益是相悖的，因而在某些情况下，传统的信任和透明度机制可能会崩溃。相比之下，区块链作为一种加密经济系统，其核心在于通过分布式账本将激励与可信度紧密结合。在区块链网络中，所有交易都是公开透明的，任何尝试欺诈或修改信息的行为都会被迅速发现和惩罚。

区块链技术虽然以其高度的透明度和去中心化特性而受到推崇，但在实际应用场景中，过度的透明可能不是一件好事。尤其在供应链、金融交易或者企业内部信息流转等环境下，过多的信息公开可能暴露企业或个人的敏感数据，进而影响其竞争地位或个人隐私。这也正是"许可式区块链"诞生的原因。与比特币或以太坊等公开区块链不同，许可式区块链只允许特定的参与者加入，且通常会对交易信息进行一定程度的加密或隐匿。

另一个考量是性能问题。公开的区块链结构通常需要广播每一个交易，以保证整个网络的共识和安全。这样虽然增加了透明度，但也极大地增加了数据传输和存储的需求，在大规模应用场景中是不可持续的。在解决这些问题的过程中，一种名为"零知识证明"（Zero-Knowledge Proof）的加密技术开始在公共区块链环境中得以应用。这种技术允许一方可以向另一方证明某个信息是真实的，而无须公开这个信息本身。

五、算法化

区块链是一种通过算法来建立信任的新型技术，这一点使其与传统的信任机制有很大不同。在传统的体制中，人们依靠第三方机构，如银行、政府或大公司，来建立和维护信任。这些机构作为中介方，可以在交易和信息传输中起到仲裁和核验的作用。在区块链系统中，这种"人的因素"被数学算法和共识机制取代。以制作食品的食谱为例，一个算法就像是一份详细的食谱，告诉计算机应当如何执行某个任务。[1] 食谱自己不能被吃，但按照它的内容制作出来的食品是可食用的。类似地，区块链的算法虽然是"冷冰冰"的，但其结果却是一个可以执行高度复杂、安全、透明交易和数据存储的平台。

计算机安全专家安德烈亚斯·安东诺普洛斯（Andreas Antonopoulos）将这种信任称为"来源于计算的信任"，就像你用计算器计算 3 的平方根，得出 1.732 050 8 这个答案，并对其有信任一样。在这里，人们不再信任个体或机构，而是信任算法和数学。算法化的信任并不是绝对无误的。首先，算法本身可能存在编程错误或安全漏洞。如果一个在线计算器是由计算机科学专业的学生作为项目编写的，并且其中存在编程错误，那么由此产生的答案自然会受到质疑。其次，当涉及更加复杂和主观的问题时，如股票的未来价格或某人犯罪的概率，算法可能无法给出绝对可信的答案。在这些场合下，人们对算法的信任度可能会降低。

在区块链技术中，信任是由算法和在验证节点上运行的软件构建而

---

① 胡健，邓志娟 . 一种基于知识发现的拓展型竞争情报系统 [J]. 计算机与现代化，2008（12）：58-62.

成的，这为确保系统安全和透明提供了强有力的支持。许多区块链项目，特别是公共链（Public Chains），如比特币和以太坊，提供了开源代码，意味着任何人都可以自由访问并审查源代码。通常，这些开源区块链项目会发布白皮书或其他技术文档，详细描述算法和共识机制，解释系统如何保证所有参与者之间的可靠共识。这些文档不仅方便了开发者和研究人员，也让普通用户能够了解系统是如何运作的，从而建立信任。比特币是一个很好的例子，它的成功部分是因为专家和研究人员有机会仔细审查其算法，并讨论其可能存在的缺陷。这种开放的、透明的方式允许广泛的社群参与，使得比特币能够迅速修正漏洞或不足，不断优化和扩展。因为这种透明和可审查性，即使是一个不知名的公司发布了一个新的区块，人们也更容易对其产生信任。

这种通过算法和软件来实现的"算法化信任"与传统银行信任体系形成鲜明对比。在银行体系里，你需要信任这个中心化的机构，因为你没有办法深入了解其内部运作机制。而在区块链系统中，你不需要以信任银行的方式去信任一个项目或一个公司，你只需要信任其公开、透明和可审查的算法。

第四节　区块链对社会生活与经济行为的影响

一、区块链对社会生活的影响

（一）交通出行

交通拥堵是现代城市中的一个普遍问题，随着城市化的加速，这个问题变得越来越严重。人们尝试了多种方法来解决这个问题，如提倡使用公共交通、自行车出行等，但事实上，很多城市的交通依旧非常拥堵。交通拥堵不仅浪费人们的时间，还对环境造成很大的影响。哈佛大学公共卫生学院的研究指出，在交通拥堵时，路上的行人会暴露在有毒的烟雾中，这导致美国 83 个排名靠前的城市和地区，每年因此而过早死亡的人数超过 2 200 人。另外，交通拥堵也给经济带来了沉重的负担。

解决交通拥堵的问题不仅可以节约社会成本，而且可以提高我们的生活质量。以前想要改变这种现状非常困难，但是有了区块链技术之后，这种改变就变成了可能。

区块链可以实现更准确和高效的数据传递。在交通运输管理体系中，数据是至关重要的，每一辆出行的车辆、每一条道路的状况、每一个红绿灯的转换，都依赖于快速和准确的数据交流。传统的集中式数据管理方式很容易出现瓶颈或者故障，但区块链的去中心化特性可以很好地解决这个问题。所有参与节点共同维护一个数据链，数据更新会被及时并且准确地传递到每一个节点，以提供更好的交通指导和管理。

在交通出行方面，区块链的应用主要体现在以下几个方面：

第一，区块链技术可以用于记录车辆位置，实时掌握道路状况。在这一方面它要比传统的交通管理软件更高效，因为区块链的去中心化特性可以提供更可靠和透明的数据。在交通拥堵时，系统可以自动识别瓶颈区域，并疏导流量。例如，通过智能合约自动调整红绿灯的时间或给驾驶员提供合适的路线建议。

第二，通过智能合约，区块链能在不同路段、不同情况下自动执行不同的收费标准。这意味着收费将更加公平，也更能反映实际道路使用状况。例如，某一路段在高峰时段出现拥堵，智能合约可以自动提高该路段的通行费，以减少车流量；反之，在流量较小的时候，通行费则会相对降低。

第三，区块链技术也可用于违章罚款的处理。传统的罚款处理流程通常比较复杂，耗时且低效。而利用数字货币和智能合约，罚款可以立即支付，极大地提高了执行效率，不仅减轻了交警的工作压力，还让驾驶人更愿意遵守交通规则。

第四，区块链技术还能实现车辆和地址的绑定，为车辆提供一个电子身份标识。这不仅方便了车辆管理，也能有效防止车辆盗窃和非法使用的问题发生。每一辆车的所有信息，包括但不限于车主、行驶历史、维修记录，都可以储存在区块链上，一旦发生问题，系统可以迅速定位和解决。

区块链和交通的结合在国内已有多年的研究历史，得益于国家科技支撑计划、863计划和国家自然科学基金等的大力支持，这些科技项目不仅让智能交通系统的基本理论得到充实和深化，也在大城市交通物联网、交通协同联动控制、车联网等领域实现多项技术突破。智能交通不仅是未来城市建设的必然趋势，也是当前交通状况持续改善的关键因素。多达400多个城市已经拥有了综合性的智能交通管控中心，实现了交通管制和信息统筹，这是对交通系统持续优化和发展的有力证明。区块链技术的介入，进一步提升了这些智能交通系统的性能，使数据更为安全、透明且不可篡改，这对于交通信息的准确传输和应急响应尤为重要。

（二）医疗

医疗行业在全球范围内正经历着一场数字转型的风暴。这种转型的目标是推动一个更加分散化和数字化的服务模式，以适应日益复杂和个性化的医疗需求。然而，个人健康数据的完整性、安全性和访问控制等问题依然是一个挑战，这也是数字医疗工作流程尚未体现出高效的主要原因。在这个转型过程中，传统的中心化数据库和文件柜式的管理方式变得越来越不合时宜。尤其是当越来越多的基因数据和指纹数据被应用于诊断和治疗时，数据安全和隐私保护的重要性日益凸显。医疗数据的泄露不仅可能对患者造成身心伤害，也可能导致医疗机构面临巨大的法律风险。在这种背景下，区块链技术的出现为医疗行业带来了前所未有的改革机会，并以其独特的安全性、透明性、不可篡改性以及可溯源性等特点，为当前医疗行业中的各种问题提供了有效的解决方案。

1. 杜绝假药

药品防伪问题一直是全球医疗行业的一个重要课题。伪劣药品不仅会影响患者的治疗效果，甚至可能导致患者出现无法逆转的健康危害或者死亡。传统的编码防伪技术虽然有一定的效果，但仍存在被窜改或伪造的风险。区块链技术则为这一问题带来了全新的解决方案。由于区块链不可篡改和可追溯的特性，药品从生产、运输到销售的每一个环节都能被精确记录。这意味着，无论药品在哪一个环节出现问题，都能迅速并准确地找出源头，这一特点对于追责和防止问题药品进入市场具有重要意义。

在药品防伪方面，区块链的应用更是表现出色。通过在药品外包装上设置可刮开的防伪标识，消费者或医务人员可以直接获取一个独特的验证标签。这个标签能与区块链数据进行比对，从而在第一时间确认药品的真伪。这样，就大大减少了假药流入市场的风险，从而维护了医疗行业的健康发展。区块链在药品供应链中的应用不仅能提高药品的真实性和安全性，还能提高整个供应链的透明度和效率。制药商、批发商和医院等不同角色可以在同一区块链平台上进行交互，实时获取或者上传药品信息，不仅简化了信息流通的过程，也有助于加强各方之间的合作和信任。

2. 电子病历

传统病历通常保存在医院的中心化数据库中，或者通过纸质的方式储存，不仅增加了数据泄露的风险，而且导致了信息流动性差和数据冗余等问题。利用区块链技术，人们可以建立一个分布式、安全且不可篡改的电子病历系统，每一条医疗记录都将作为一个独立的区块添加到链上，以方便进行追溯和验证。病人和医疗服务提供者都可以随时查看这些电子病历，用以更精确地进行诊断治疗和了解。

此外，区块链能实现跨平台、跨机构的数据共享。换句话说，不论病人前往哪一个医疗机构，只要该机构接入同一区块链网络，就能访问到病人的完整电子病历。这不仅提高了医疗服务的效率，还有助于降低因重复检查和误诊导致的额外费用。区块链技术还可以保证电子病历数据的安全性。由于区块链的去中心化特性和加密算法，即使有人试图篡改或删除数据，也需要获得网络中大多数节点的批准，而这几乎是不可能的。这种高度的安全性使得病人和医疗机构都更愿意将数据存储在区块链上。

3. 新的数据共享模式

区块链技术对医疗行业来说，如同一把双刃剑，既具有改革性质，也带来了一系列新的机会和挑战。其中，最为突出的便是其在医疗数据共享方面的崭新模式，这一模式的去中心化特点，以及能够引入监管部门进行更有效的数据监管，已经显示出极大的潜力。在传统的医疗数据管理体系中，多数数据储存在中心化的数据库里，导致数据安全性相对较低。这样的中心化系统也容易成为黑客攻击的目标。相比之下，区块链采用去中心化的存储方式，将每一条记录分布存储在网络中的多个节点上，极大地提高了数据的安全性。

区块链允许设置访问权限，确保只有被授权的用户或机构才能访问特定的医疗信息。其灵活性不仅增强了数据的安全性，而且为数据的合规性提供了有力支持。例如，一些涉及个人隐私的敏感医疗信息只能被特定的医生或者医疗机构访问，这样就很好地符合了数据保护和隐私法律的要求。除了数据安全性的提升，去中心化还意味着更高的管理效率。在传统的数据交换流程中，往往需要第三方作为中介进行数据验证和转换，不仅增加了时间成本，还可能引入错误或不一致。区块链的使用，使这些第三方可以被省去，因为所有的信息都是透明的、可验证的，并且能自动执行预定的合同或协议。

从长远来看，区块链的应用可能会促成现有医疗数据共享模式的全面升级。其不仅能满足医疗行业对数据安全性和高效性的基本需求，还为新的用例和应用场景提供了基础，如跨国或跨机构的医疗数据共享、实时的疾病监控和预警系统，以及更为个性化的医疗服务。

二、区块链对经济行为的影响

（一）区块链实现了共享金融

共享金融作为金融业的一种新型模式，赋予了这个领域全新的内涵和外延。传统的金融体系往往聚焦于大机构和大企业，普通消费者很难在其中获得有力的话语权。共享金融以解决这个问题为目标，采用信息技术和网络手段，使金融资源的分配更加公平和有效。共享金融旨在将金融的各种功能、要素和资源集成在一个开放、协调和共享的平台上。在这个模式下，金融消费者的"主权"得以明确体现。普通人不再仅是金融产品和服务的被动接受者，而是成为金融生态系统中的积极参与者。共享金融强调机制共担、用户体验、各方共赢和利益共分。

与此同时，共享金融还具备高度的灵活性和个性化特征，满足了人们对"小而美"金融产品和服务的需求。在这里，金融不再是一个冷冰冰的、单一的工具，而是能够根据每个人不同的需要和情况来定制解决方案。这不仅提高了金融服务的质量和效率，也使得金融体系本身变得更加健康和可持续。

从诞生之日起，区块链与金融领域就有着密不可分的关系。作为一种分布式数据库技术，区块链带来的最大优势可能就是其去中心化和不可篡改的特性，这对于金融业来说具有革命性的意义。金融的根本目的是实现资金资源的合理分配，而传统金融系统中的诸多问题，如信任缺失、信息不对称、高成本、易受欺诈等，都限制了这一目标的实现。区块链技术为这方面提供了一种更先进、更安全的解决方案，通过分布式账本，所有交易被多方共同记录和验证，大大减少了交易风险和欺诈的可能性。随着互联网的普及，金融中介逐渐实现电子化，而区块链在这个过程中能够发挥至关重要的作用。例如，在共享金融模式下，区块链技术可以确保各方的资金流动透明、安全，进一步推动供需两端在一个更加公平的平台上交汇。同时，区块链的智能合约功能可以自动执行预设条件，从而减少了在传统金融交易中需要手动处理的环节，降低了成本和错误率。区块链的去中心化特性意味着没有单一的机构或个体能够控制整个系统，这样一来，共享金融也就变成了可能。

区块链技术与共享金融的结合可以说是一种"天造地设"的组合。事实上，区块链不仅解决了金融领域长期存在的问题，还进一步突显了金融作为一个信息行业的本质。在数字化和网络化还不够成熟的时代，金融行业虽然具有丰富的信息资源，但由于技术限制和获取难度，这些数据的价值常常被浪费。在传统金融模式下，信息的收集和分析大多集中在大型金融机构手中，而普通消费者往往处于信息劣势地位。然而，随着区块链技术的出现，这一现象有了根本性的改变。区块链的分布式账本和去中心化的特点使得数据信息变得更加透明和易于获取，不仅金融机构，普通人也能够更容易地接触和使用这些信息。例如，借助区块链技术，金融服务提供商可以更准确地评估用户的信用状况，并据此提供更为个性化的金融产品和服务。同时，数据的高度透明性和不可篡改性使信任成本大大降低，从而进一步减少了金融交易的整体成本。这种技术革新不仅加速了金融信息的流通和利用，还为共享金融提供了强有力的技术支持。在区块链的助力下，共享金融成为一种更加高效、公平和可持续的金融模式。传统的金融服务，如银行存贷、保险、资产管理等，往往需要复杂的中介环节和高额的手续费。但在共享金融模式下，通过区块链技术，这些服务可以被更高效地实现，而且成本更低。

共享金融对成本的节省是非常显著的，甚至可以让成本无限趋于零。在传统金融模式中，为了满足用户在支付、融资和投资方面的需求，金融机构通常需要设置各种门槛和中间环节，包括但不限于资格审查、信用评级和合规性检查等，这些都增加了金融服务的总成本。而区块链技术的引入让这一切发生了改变。区块链的去中心化和透明性特点使得信任成本大大降低，通过加密和分布式账本，交易双方可以直接安全地完成交易，无须依赖中间金融机构。这种去中介化的特点大大降低了交易成本，提高了效率。不仅如此，区块链技术可以自动执行智能合约，进一步减少人工干预和相关的人工成本。因此，其门槛被大大降低，使得更多的普通人和小企业也能享受到专业且高效的金融服务。这不仅拓宽了金融服务的受众群体，也促进了金融市场更为健康、公平的发展。

需要注意的是，尽管共享金融发展迅速，但目前仍然存在不少问题和挑战，包括监管问题、安全风险、数据保护等。然而，随着技术的不断进步和更多的应用创新，这些问题有望逐渐得到解决。

（二）区块链掀起金融支付风暴

经济体是商业行为的承载体，是一个广泛而又复杂的概念，涵盖了从国家到公司，再到个人的多个层次。在宏观层面，国家经济体构成了全球经济的骨架。各国通过货币政策、贸易、投资等多种方式来维护或改善其经济地位。然而，随着互联网和区块链技术的不断演进，经济体的定义和构成也正在发生巨变。在微观层面，公司作为一个经济体，不仅是生产和消费的组织单位，也是创新和发展的基础。但现今，互联网的崛起和区块链技术的出现，使得个人也有可能成为一个独立的经济体。这种现象反映出了一个更大的社会趋势：越来越多的人开始从传统的"专职"工作模式转向多元化的职业路径。他们不再满足于在一个公司长期工作，而是选择多重职业和身份，追求更为多元化和灵活的生活方式。这一变化在很大程度上得益于互联网和各种在线平台的发展，它们为个体提供了更多的机会来参与创造和价值输出。互联网不仅释放了参与者的个性，也催生了大量的自由职业和创业机会。通过网络，个体能力、特点和特长得以充分展示和应用，从而减少了其对特定公司或组织的依赖。在这个意义上，互联网和新技术不仅改变了经济体的结构和定义，也在根本上重新塑造了个体和社会的经济关系。

在不断发展和演变的社会结构中，经济体从国家和公司扩展到了个人。这一变化不仅影响了人们的工作方式，还改变了人们与他人的合作方式。在这个正在形成的新模式下，每个人都可以成为一个独立的经济体，有能力独立完成任务，同时能参与更大、更复杂的系统性工程。

不同历史时期的社会结构对人与人之间的互动关系有不同定义。从原始社会的"交换"，到奴隶社会的"奴役"，到封建社会的"剥削"，再到资本主义社会的"雇佣"，这些都是在特定历史背景和经济体制下形成的社会关系。然而，在未来社会中人与人之间的关系将越来越多地依赖于"协作"，这是人类社会的一个重要发展路径。在大工业时代，一流的企业通常是标准的制定者，通过大规模生产，将其产品或服务标准化，从而实现企业的经济规模和效益。但在未来，一流的企业将更多的是"服务"的提供者，能够满足各种消费者和各种需求。这种服务通常是定制化的，要求企业在两个方面具备高度的能力：一是提供定制化能力，即科技；二是与消费者有效对接，即互联网能力。

这种转变也意味着，传统的"雇佣"模式将逐渐被"合伙"模式取代。在"合伙"模式下，每个参与者都是一个独立的经济体，通过协作而非单纯的雇佣关系，共同创造价值。这不仅有助于吸引和留住顶尖人才，也有助于激发团队的创造性，提高效率。因此，企业和组织需要重新考虑如何分配权益，以适应这一变化，大胆和大度地把股份和权力分配给团队成员，更有助于构建一个更为健康、更具活力和创造力的组织。

在微观经济层面，企业被视为社会的基本生产单位，是现代工业化进程的体现。然而，随着科技和互联网的飞速发展，特别是区块链技术的崛起，经济体的概念正在经历重大改革，不再仅仅局限于由百人或千人组成的大型公司，个人甚至可以成为一个独立的经济体。很多人在区块链和TCP/IP（传输控制协议/互联网协议）之间找到了不少相似性。在互联网的早期，TCP/IP协议大大降低了信息传输的成本，从而催生了电子邮件、网络浏览和许多其他应用，这些应用进一步推动了全球信息经济的发展。

同样地，区块链技术有潜力显著降低交易成本，实现资产和信息的安全、透明和去中心化管理。比特币，作为区块链的第一个应用，已经在全球范围内催生了一个全新的金融生态。区块链和 TCP/IP 都是开源、分布式和共享的，由来自世界各地的志愿者团队维护。[①] 这样的结构不仅降低了维护成本，也增加了系统的透明度和安全性。

TCP/IP 大幅压缩连接成本，释放了新的经济价值。同样，区块链也大幅降低了交易成本，有潜力成为所有交易的记录系统。如果这一天到来，那么随着区块链衍生品影响力和控制力的扩大，整个经济都会再次经历巨大转型。

① DENG Z J, ZHONG S J. A kind of text classification design on the basis of natural language processing[J]. International Journal of Advancements in Computing Technology, 2013, 5（1）: 668-677.

第四章 区块链在数字交易中的应用

第一节 跨境支付

一、跨境支付的产生及分类

在区块链技术出现之前，传统的银行和信用卡组织一直作为金融领域的中心化机构，几乎是不可撼动的存在，它们作为中介方，处理各种支付和交易请求，对资金进行清算和结算。这种模式虽然在大多数情况下是可靠的，但存在诸多问题，如高昂的手续费、相对较慢的交易速度，以及跨境交易的复杂性和成本。随着区块链技术的出现和成熟，这一切都发生了改变。区块链技术以其去中心化、去信任和天然清算的特性，在支付和清算领域展现了极大的潜力，不仅提供了一种更高效的支付方式，还因其透明和不可篡改的特性迅速赢得了用户的信任。这有助于在 C 端（消费者）和 B 端（商家）之间建立起全新的业务生态。

目前，在利用区块链技术实现跨境支付方面，主要有收单端和发卡端两种模式。① 收单端模式主要适用于商户，它允许商户直接接收数字货

---

① 郑红梅，刘全宝 . 区块链金融 [M]. 西安：西安交通大学出版社，2020：303.

币作为支付方式，减少了中间的手续费和交易时间。发卡端模式则更侧重于消费者，为其提供了一种快速、低成本的方式进行跨境资金转移。这两种模式都完美地解决了传统模式的各种痛点，如高昂的交易成本、资金冻结、不透明的清算流程等，为跨境支付打开了全新的局面。

设想一个跨境消费场景：客户使用法币通过兑换机构购买数字货币，然后将这些数字货币转移到自己的数字钱包。借助区块链技术，客户可以直接将数字货币支付给境外商户，商户在收到数字货币后，通过兑换支付机构将其转换为当地的法币。首先，由于这种支付方式不使用法定货币，不受外汇管理局或其他官方机构的监管，也不受国家、政府和组织的管控。这意味着整个支付和转账过程都不再依赖传统的银行和信用卡组织，不仅消除了高额的手续费用，还消除了外汇管理、强制结售汇、外汇兑换限额和政治风险等多种约束。对于消费者和商户而言，这无疑是一个极具吸引力的选择。其次，由于可以实时到账，商户的资金压力也得到了相应的缓解。最后，实时的法币兑换或直接接受数字货币，使汇率风险可以被最小化。

但这一切的成功实现都离不开一个关键的平台，即基于区块链技术的跨境支付平台。这个平台不仅能实现数字货币和法币的快速、安全转换，还能实现真正意义上的跨境支付。

二、跨境支付的积极影响

将区块链与跨境支付相结合所产生的积极影响主要有以下几个方面：

其一，明显提高了交易处理速度。传统的跨境支付模式依赖于烦琐的人工对账和多个中介机构，从而导致一笔跨境支付交易通常需要至少24小时，甚至更长的时间来完成。然而，基于区块链技术的跨境支付平台，如 Ripple，提供了 7×24 小时的不间断服务，大大精简了交易流程和人工处理环节。以 Ripple 为例，其分布式金融解决方案能在短短 8 秒内完成一笔从加拿大银行到德国银行的跨境汇款，而这在传统模式下通常需要 2 到 6 个工作日。

其二，降低了交易成本。传统跨境支付涉及多个银行和金融机构，这些中介环节往往会产生高额的手续费。而区块链技术通过去中心化的方式，减少了中介环节，从而大大降低了交易成本。这不仅减轻了商家的负担，也为消费者带来了实际的经济利益。

其三，增强了交易的安全性和透明性。区块链的去中心化和加密特性使得其信息更难以被篡改或伪造。每一笔交易都会被记录在一个公开、不可修改的账本上，这大大增强了交易的透明性和可追溯性，从而提高了用户和商户的信任度。

其四，为客户身份识别提供了全新的思路。区块链技术改变了传统的信用创建方式。在传统的金融环境中，信用的建立通常依赖于权威机构的认证和个人信用背书，而区块链技术打破了这一模式。它不依赖任何中心化的权威机构，仅依赖公开透明的算法。这种去信任化机制让人们可以更加自由地进行金融交易，同时大大提高了整个系统的安全性和可靠性。

三、我国跨境支付的现状

跨境支付是全球化的一个重要组成部分，涉及多个国家的金融体系和法律法规。随着科技的发展，区块链技术逐步被应用于跨境支付，带来了高效率、低成本和良好的产品体验。然而，区块链跨境支付不仅要满足我国相关部门的监管要求，还要符合当地的政策及相应法规，这对于区块链技术在跨境支付中的应用和发展提出了更高的要求。

在跨境支付体系市场格局方面，我国的跨境支付体系主要分为两大阵营，即企业与消费者之间的电子商务（Business to Customer，B2C）与企业间的电子商务（Business to Business，B2B）。在 B2C 方面，以支付宝和财付通为代表的第三方支付巨头，凭借其电商场景或社交优势，较大程度地把控着 B2C 跨境支付人口。但是，由于其竞争优势在境外尚不能完全体现，其跨境支付体系仍需要银行的参与。这意味着，对于国内其他第三方跨境支付机构、银行来说，境外支付仍有较大的市场发展空间。在 B2B 方面，由于金额限制和外汇管制，跨境支付市场主要由银行控制。未来，银行将有较大概率选择与国际金融信息传输系统（SWIFT）合作，或者在特定场景选择自主研究与应用开发。

目前的发展趋势显示，银行在区块链跨境支付体系中具有较强的话语权。短期而言，无论是 B2B 跨境贸易，还是跨境消费，跨境支付都需要依托于银行，完全去中心化、无银行参与的跨境支付体系并不存在。[①] 跨境支付通常伴随贸易、消费需求而生，而跨境支付场景的多样化、业务的复杂性，以及客户人群对跨境支付终端应用认可度的差异，都是推动市场发展的重要因素。从长期来看，围绕不同场景的客户需求提供有效增值服务的跨境支付体系将占据市场主导地位，增值服务费将代替手续费成为主要盈利来源。而这不止依赖于支付服务，更需要能够提供专业、切实解决客户痛点的金融服务。

第二节　供应链管理

供应链是一个复杂但至关重要的系统，它涵盖了从自然资源的获取到最终产品或服务交付给用户的全过程。这一过程不仅涉及企业内部的多个部门（如研发、采购、生产和销售等），还包括与外部合作伙伴，如供应商、客户、物流渠道和第三方服务提供商的紧密合作。[②] 因此，供应链不仅是一个端到端的活动集合，也是一个跨组织、跨行业，甚至跨国界的庞大网络。从企业视角来看，供应链的管理不仅局限于内部流程的优化，

---

① ZHONG S J，DENG Z J. Model design of information security monitoring system of Nanchang Bonded Logistics park[C]. 2010 Third International Symposium on Information Science and Engineering，2010：489-493.

② 金融科技理论与应用研究小组. 金融科技知识图谱[M]. 北京：中信出版集团，2021：102.

还需要跨企业的协调和合作。这样的协调和合作涉及很多方面，如订单确认、生产计划调整、库存管理、物流调度等。从供应链全生命周期来看，供应链实质是一个连接初级原材料、半成品、成品及最终客户等涉及所有相关企业、组织和实体活动的网络。

区块链是一种分布式账本技术，利用块链式数据结构来存储数据，利用节点共识算法来生成和更新数据，利用密码学原理保证数据传输和安全访问，利用智能合约来驱动业务逻辑。如今，区块链不再仅仅是金融科技领域的专利，它正在逐步渗透到各个传统行业中，特别是在供应链管理等方面表现出巨大的潜能。

一、区块链对供应链管理的重塑

（一）数据共享

2020 年 4 月，中共中央、国务院发布《关于构建更加完善的要素市场化配置体制机制的意见》，要求"加快培育数据要素市场"。由此可见，数据在市场中占据着非常重要的地位。

在现代商业环境中，供应链管理是一项极其复杂的任务，涉及从原材料采购到制成中间产品，再到最终产品销售给消费者的多个环节。供应商、制造商、分销商和零售商等主体需要协同工作，但信息系统的不一致性、数据孤岛问题和信任缺失等因素往往妨碍有效协同。这正是区块链技术可以发挥巨大作用的地方。

区块链作为一种分布式账本技术，具有数据不可篡改、透明可追溯的特性，非常适合用于解决供应链管理中的信息不对称和信任问题。基于区块链的供应链协同平台可以分布式记录产品从原材料到最终销售的全流程信息，在生产、运输、仓储、销售等各个环节发生的一切信息都会被即时且不可篡改地记录下来。区块链技术通过智能合约还可以自动化执行供应链中的多种业务逻辑。比如，一批货物从供应商处发出后，智能合约能自动触发付款流程；或当货物到达目的地后，智能合约可以自动完成货物验收和库存更新等任务。透明可视化的共享账本能让供应链中的所有参与方实时了解整个网络的运行情况，这样的实时信息共享极大地简化了决策同步流程，使各方能及时发现并解决问题，从而降低了因信息延迟或错误而带来的成本和风险。

基于区块链的供应链管理还具有很好的扩展性。随着更多的供应链参与方加入区块链网络，整个系统的价值将呈现出网络效应，即价值将超过单一组织内的累加效果。因此，从长远来看，区块链有潜力真正改变供应链管理的传统模式，实现更高效、更安全、更可信的全球供应链协同。

（二）数据的可追溯性与不可篡改性

区块链技术，起初为比特币等加密货币服务，现已在各个领域发挥巨大作用，特别是在供应链领域。区块链的数据结构是由一系列按时间顺序生成的数据块组成的，每一个新的数据块通过特定的共识流程加入区块链中，一旦数据被记录到区块链中，就不能被篡改或删除。这确保了数据的完整性和不可篡改性。

这种特性对于供应链领域是极其重要的。供应链涵盖了从原材料采购到产品制造、运输、销售的全过程，涉及多个环节和参与方。在传统的供应链管理中，数据的完整性、准确性和实时性往往受到各种因素的影响，如手工输入错误、系统不兼容、信息滞后等。而区块链技术则可以解决这些问题，因为区块链技术提供了每一笔数据的查找功能，参与方可以随时溯源，对数据的完整性进行验证。这意味着供应链中的每一个环节，无论是原材料采购、产品制造、运输，还是销售，都可以被记录下来，并且可以随时查证。这样的数据是完整、可信的，并可以确保没有被篡改。

（三）自动化、高效协同

供应链是一个极其复杂的网络，涵盖了从原材料的采购、加工、生产、存储、运输到最终的销售各个环节，每个环节都涉及多个参与方，如供应商、制造商、物流公司、分销商、零售商等。这种复杂性导致错误情况频繁发生，如单证问题、运输问题、价格条款、产品标准等，而且往往很难跟踪供应链协同各方达成的共同目标的执行情况和任务进度。而基于区块链技术的智能合约的出现，可以有效地解决这些问题。智能合约是一种自动执行的合约，其条款是直接写入代码的，一旦合约的条件被满足，合约就会自动执行。例如，供应链的某个环节完成了，就可以自动触发下一个环节的开始。这样可以极大地提高供应链的协同效率。供应链协同伙伴可以将激励机制、履约安排、风险指标侦测等转化为合约代码。例如，如果供应商按时交货，就可以自动触发付款的合约；如果物流公司按时完成运输，就可以自动触发收货的合约。这样可以避免因人为因素或信息不对称等问题导致的延迟或错误。而且，智能合约的判断基础是区块链上的公共记录，而非任何一方单独提供的数据，因而具备较高的可信度。例如，当输入新的记录时，智能合约会自动检测是否满足相关条款，如提单、装箱单、运单、收货证明上各项数据的一致性及合约条款符合度，进而触发对应合约的条款。

二、区块链在供应链领域的主要应用方向

（一）智能仓储系统

智能仓储是现代供应链管理的重要组成部分，其主要作用在于通过自动化技术实现仓储货物的高效管理。射频识别（Radio Frequency Identification，RFID）技术、物联网感知技术和区块链技术的结合，为仓储货物的识别、定位、分拣、计量和监管工作带来了革命性的改变。

RFID 技术是一种非接触式自动识别技术，也就是我们通常所说的电子标签。它可以通过无线电信号识别特定目标并读写相关数据，从而实现对产品生产、流通、使用环节的追溯和记录，而无须识别系统与特定

目标之间建立的机械或者光学接触。RFID 技术具有快速读写、非可视识别、移动识别、定位及长期跟踪管理等功能。此外，RFID 标签还具有体积小、容量大、寿命长、可重复使用等特点，不需要人工干预识别过程，可大大提高效率。然而，仅仅依赖 RFID 技术还不足以实现仓储管理的全面智能化。为了解决这个问题，可以将 RFID 技术与区块链技术结合。区块链技术可以实现仓储货物信息的快速、安全、透明的存储和管理，仓储中的各个操作步骤，如接收货物、存储货物、分拣货物、发出货物等，都可以清晰地记录在区块链中，避免漏记、多记等错误。而且，区块链的特性决定了一旦信息被记录，就不能被篡改或删除，加强了对仓储货物的监管。

（二）物流系统

供应链物流旨在高效、准确地完成物品从供应商到生产商，再到分销商和最终用户的整个流程。这个活动链中涉及多个参与者，其中包括生产、进货、销售、客户服务和财务等多个部门。由于各方在协同作业时面临信任问题，解决这些问题通常需要巨大的运营成本、结算账单对账成本以及物流单据的审核管理成本。区块链是一种分布式记账技术，可以实现数据的透明、不可篡改和去中心化。它具有高度的安全性和可追溯性，非常适用于解决物流行业的信任问题。通过区块链技术，物流行业的各个参与者可以共享统一的数据平台，实现信息的实时更新和共享，这极大地提高了整个供应链的透明度和效率。

区块链并不仅限于物流活动本身，还包括物流背后的各种"流"。例如，资金流中的支付和结算可以通过智能合约自动化，从而减少人工干预和错误的可能性，提高资金的使用效率；信息流则可以通过区块链实现高度的同步和准确性，大大地降低信息不对称导致的风险。区块链最大的优势之一就是在资产所有权转移过程中解决信任摩擦。在传统的供应链物流中，商品从供应商到最终用户的每一个环节都需要进行所有权的转移，通常需要大量的文书工作和验证工作。而通过区块链技术，这些过程可以被自动化和简化，因为每一次所有权的转移都会被记录在一个公开且不可篡改的区块链上，极大地增加了各方的信任度。因此，涉及多流融合的物流场景是非常适合应用区块链技术的。

区块链技术的出现，对物流领域产生了深远的影响，不仅在商流、物流、信息流、资金流这"四流"方面产生了整合，还引入了多方互信、优质资源聚合和立体化供应链生态服务的新可能。物联网技术在这一进程中起到了关键作用，确保了物流数据收集的真实性和可信性，通过物联网设备，从传感器到追踪器，实时地收集关于货物位置、状态、环境条件等数据。这些数据再结合区块链技术，能够实现不可篡改、去中心化的存储，打破之前信息孤岛的状态，让信息流映射到物流变得更加快速和准确。传统的结算周期往往长且复杂，而区块链技术的真实性和实时性可以大大缩短这一周期。智能合约可以自动触发支付和收款流程，减少人工操作及其产生的延迟，让资金更快的流动。库存和现金流是任何企业都要权衡的两个关键指标。过多的库存会占用资金，而资金的稳健流动则是企业成长的重要推动力。区块链通过提供真实、实时的财务数据，不仅可以帮助企业更准确地做出预测和制订计划，还能提高其融资便利性。

具体到物流服务，区块链和物联网技术的组合为企业提供了一种全新的方式来管理和优化供应链。对于任何单一商品，从生产到仓储，再到最终的销售和配送，所有这些环节都可以被实时监控和记录，不仅可以追溯商品的来源，还能保证其质量和安全性。在这种情况下，商品的搬运次数和整体社会的物流成本都有望大幅降低。更具战略意义的是，这实际上是一种"短链"物流服务模式的落地实现，它有助于更高效、更透明地运行供应链。

（三）防伪溯源系统

传统溯源产品的数据孤岛现象严重，鉴于数据安全和多主体协作问题，产品溯源覆盖范围有限、数据种类单一、数据质量较差。一般而言，现有的溯源系统大多集中在产品的深加工阶段，很少涉及原材料和物流运输的信息，即使有一些基础的信息，如产品产地和生产厂商，通常也缺乏包括检测、物流和销售在内的全面信息。这样的不足让产品在出现质量问题时责任难以明确，企业无法自证清白。

区块链技术具有一系列突破性的特点，包括分布式记账、智能合约、时间戳和信息不可篡改等，为解决以上问题提供了强有力的工具。其中，分布式记账能确保参与主体均可访问相同的数据版本，大大降低了信息不对称和误解的可能性。智能合约则可自动执行预定的操作，如自动触发产品质量检测和数据更新等，使得多主体协作变得更为简单和高效。时间戳和不可篡改性则为数据的真实性和准确性提供了有力保证，每一条上链的信息都将被永久保存并加上时间戳，不仅方便未来追溯，还能在法律层面为责任归属提供准确证据。而对于消费者来说，区块链溯源提供了前所未有的信息透明度。通过扫描商品上的二维码，消费者能即时获取该商品全流程的详细信息，包括但不限于原材料来源、生产日期、运输记录和销售地点等。与传统的溯源信息相比，这些信息更为丰富和全面，让消费者能够更安心地购买。

除了服务消费者，这种高度透明和可追溯的溯源机制还有助于企业内部管理和外部合作。在内部管理方面，全面而准确的数据能帮助企业更好地监控和优化生产流程，提高资源利用效率，减少浪费。在外部合作方面，多主体协作将更为简单和高效，不仅减少了沟通成本，也为合作关系中的信任和透明度提供了有力保障。

三、基于区块链的供应链应用架构

（一）应用架构的分类

基于区块链技术的供应链目前还处于发展初期，尚未形成统一的应用架构。以运营方为依据，可将其分为以下三类。

1. 核心企业主导架构

核心企业主导架构是由占据绝对主导地位的核心企业牵头构建和运营的区块链网络。在多数情况下，该网络是由核心企业的集中采购平台或销售电商平台演化而来的。在这种供应链中，一方面，核心企业可以满足对其供应链和销售网络的管理需求，同时可以提升整个供应链的协同效率；另一方面，技术的实现和推广相对容易，因为核心企业的强势地位使得其能够推动相关技术的采纳和使用。然而，该架构的局限性也较为明显，它高度依赖强势主体，对供应商和经销商的需求考虑较少。

2. 联盟主导架构

与核心企业主导架构不同，联盟主导架构是由多家企业共同牵头并组建的区块链网络。这些企业共同定义相关技术和业务规范，以实现在某一产业中的供应链协同。这种架构体现了区块链的去中心化、分布式治理思想，使得各方在网络中相对更加平等。这种架构通常出现在供应链中存在多个对等主体、无单一强势方的情况下。然而，正是因为没有单一的强势主体，联盟的成立、规范的制定、平台的搭建需要各方达成一致，其实施难度相对较大。

3. 第三方主导架构

第三方主导架构则是一种相对独立的方式，通常出现在细分行业中，由对某一特定行业有深刻理解的第三方企业建立和运营。例如，在医疗或农业供应链中，可能会有专门的技术提供商负责构建区块链平台，以满足行业特定的需求。这不仅能解决行业内独特的问题，还能为各个参与企业提供一个共同的平台，以实现更高效、更透明的供应链管理。

（二）应用架构的构成

区块链供应链体系架构主要包含智能终端层、区块链层、应用层。

1. 智能终端层

智能终端层在现代供应链管理中发挥着至关重要的作用，尤其是在引入物联网和溯源技术后，这些智能终端不仅能实时监控产品的生产、物流和销售过程，还能确保各个环节的信息数据都被准确地收集和存储。在工业生产过程中，RFID 标签的使用具有重要价值。这些标签被贴在生产物料或成品上，能够自动记录关于产品数量、规格、质量、时间、负责人等的详细信息。生产主管可以通过专用的读写器随时访问这些信息，从而更有效地管理生产流程，同时方便后续的质量控制和追溯。

在物流环节中，通过结合 RFID 和卫星定位技术，供应链管理者能够实时获取产品在物流链中的准确位置，这样既增加了物流过程的透明度，还能有效地减少错误和延误，从而提高整体的物流效率。在销售环节中，智能终端层为消费者提供了更高程度的参与和透明度。产品上通常会有二维码标签，消费者可以通过扫描以获取存储在区块链中的产品信息。这不仅可以让消费者了解产品的来源、成分和质量，还能在一定程度上防止假冒和伪劣产品的流通。

2. 区块链层

在供应链数据存储中，新产生的交易数据会被存储在新生成的区块中，并通过共识机制确保所有节点服务器上的数据一致。其具体流程如下：

第一，各节点产生的新交易数据通过点对点传输到区块链上，确保了数据的实时性和完整性。

第二，系统利用共识机制定时生成新区块，这一过程通常通过复杂的数学算法来完成，以确保新生成的区块是安全有效的。

第三，最先完成计算并广播的节点获得该交易的记账权，并将交易信息、上一区块的哈希值、时间戳等内容打包填充到新区块中。

第四，各节点接收到新区块后进行验证，一旦验证通过，新区块即被加入已有的区块链之中。

这样，通过区块链层的分布式网络、不可篡改的密码学技术和共识机制，就建立起了各节点之间的信任关系。全网络的节点共同维护整个链上的运作，一旦有节点试图篡改信息，则该节点将被踢出网络。供应链的参与方通常包括供应商、生产商、分销商、零售商、物流配送和消费者等。在区块链中，这些参与方扮演着不同的节点身份，通过智能合约，可以实现不同身份的各主体之间交易行为的自动化，从而提升整个供应链的效率。此外，各主体对自身的供应链数据享有所有权，并可以选择对其他主体开放全部或部分权利。

3. 应用层

网页、手机 App 或专用窗口化管理软件与区块链技术结合，提供了一种全新的供应链管理模式。通过接口程序，供应链上的各个主体（如供应商、制造商、分销商和零售商）可以与区块链层进行交互，实现各种功能，如管理、交易以及产品溯源等功能。这种结构为供应链的各交易主体提供了一个既独立又相互依赖的运作环境。每个主体都能通过软件层接口访问到实时的物流和信息流，从而实现更加精细化的管理和更高效的决策。例如，生产商可以实时查看供应商的库存状态，根据需求进行调整；分销商也能即时获取生产进度，以便更准确地预测交货时间。这种即时性不仅加快了响应速度，还大大提高了供应链的运作效率。

四、区块链在供应链中应用的挑战

区块链在不断完善和发展的同时，也面临着很多挑战，这些挑战主要源自以下几个方面。

（一）政策方面的挑战

自 2016 年区块链技术被首次写入《国务院关于印发"十三五"国家信息化规划的通知》后，该技术在中国乃至全球范围内得到了越来越多的关注和应用。据不完全统计，仅在 2019 年上半年，中国就有 23 个省级行政区发布了 122 条与区块链相关的政策信息，极大地推动了区块链技术的实际应用和发展。尽管多数政策和法规对区块链技术持有积极态度，但在全球范围内也存在一些具有限制性的规定，如欧盟发布的《通用数据保护条例》（General Data Protection Regulation，GDPR）。GDPR 等法规对数据的透明共享提出了相当严格的限制，在某种程度上影响了区块链在供应链等领域的广泛应用。供应链作为一个高度复杂和多元化的系统，强调真实业务数据的共享以提升整体协同效率。因此，如何在满足这一需求的同时，遵守 GDPR 等法规成为一个紧迫的问题。一种可行的解决方案是提升区块链本身的隐私保护功能。目前，在存证等场景下，已有的应对方式是将隐私数据不上链或者仅将其 Hash 数据上链。这样做在一定程度上能够遵守 GDPR 等法规，但也限制了供应链领域对真实、完整数据的需求。因此，其未来的发展方向可能是构建更为复杂和精细的加密和隐私保护机制，以满足既具有数据共享功能，又能做到隐私保护的需求。

（二）技术方面的挑战

1. 区块链技术网络混合部署要求

从区块链技术网络的混合部署要求来看，现有的区块链解决方案大多是在公有云上搭建的，虽然在某种程度上方便了部署和维护，但也限制了企业对于区块链网络的个性化和定制化需求。对于那些希望能够在公有云、私有云和企业数据中心等不同环境中进行灵活部署的企业来说，目前的技术方案并不能完全满足其需求。以供应链管理为例，一个全球性的制造商可能需要在各地的生产线、仓库和销售点之间建立一个高度灵活和可靠的区块链网络，这就需要一种能够支持混合部署的区块链解决方案，以便将在不同地点和环境下的硬件和软件资源整合为一个统一高效的网络。目前的技术仍需进一步的发展和优化。

2. 数据共享和隐私保护平衡

区块链技术的一个显著优点是能够在不同的参与者之间实现数据的透明和实时共享，这在供应链管理中具有重要意义。然而，如何在实现数据共享的同时保护个体和企业的隐私，是一个需要认真对待的问题。虽然目前提出了一些用于提高区块链平台的隐私保护能力的密码学解决方案，但这些技术通常都会造成其在一定程度上的性能下降。因此，如何在保证数据共享和隐私保护之间找到一个平衡点，是当前在研究和实践中需要解决的关键问题。

3. 高性能和存储扩容高要求

在供应链协同应用中，由于需要处理大量的物联网设备数据和复杂的业务流程，因此对区块链的性能和存储能力提出了更高的要求。特别是在大规模供应链系统中，数据上链需求的并发量极大，使得系统吞吐量自然成为一个重要的考量指标。随着供应链业务的复杂度增加，智能合约也会相应变得更加复杂，这种复杂性不仅增加了交易处理时间，还可能导致整个网络性能的下降。这为实现供应链管理中的实时数据追踪和决策分析带来了困难。同时，随着业务的不断扩大，存储需求也会逐步增加。在一个持续运行和不断积累数据的区块链网络中，如何有效地进行存储扩容，以适应不断变化的业务需求，是另一个亟待解决的问题。

4. 跨链技术发展

跨链技术是区块链未来发展的一个关键方向，特别是在供应链管理这一多元化和全球化的应用场景中。由于供应链涉及多个组织和业务环节，单一的区块链网络往往难以满足全面的需求。在我国，虽然区块链在供应链应用方面刚刚起步，但很多行业都在积极探索和尝试。随着各个行业和组织逐渐建立自己的联盟链，未来的跨链技术将在确保各个联盟链能够互联互通中扮演越来越重要的角色。

5. 区块链与供应链的网络规模匹配

网络规模的匹配问题也是将区块链技术应用到供应链中所面临的挑战之一。目前，大多数区块链与供应链的结合主要出现在小规模、试验性的应用场景中。例如，某个特定的供应链可能只涉及几十个参与方，而这样的规模相对易于管理。但是，实际业务中的供应链往往规模庞大，通常包括成百上千的生产商、供应商、运输商和零售商。在这种情况下，当前主流的联盟链体系架构往往不能完全适应。

6. 推广新技术的挑战

尽管区块链在理论上能够通过更高效、透明和安全的方式打破信息和价值的壁垒，但在实践中，这一转变遭遇了多重阻碍。首先，从信息传递角度来看，区块链倡导分布式的数据管理模式。这一模式确实能增强信息的透明度和可追溯性，然而很多企业和组织对于放弃传统的中心化信息管理体系感到担忧，主要是出于对信息泄露和数据安全的顾虑。虽然区块链本身具有很高的安全性，但在一个尚未完全理解或信任这种新技术的环境中，这种担忧是难以消除的。其次，在价值传递方面，区块链有可能彻底改变供应链内部的权力结构。传统的供应链往往依赖于几个关键的中心化协调平台或企业，这些实体掌握着巨大的议价和控制权。区块链通过分布式账本技术，使所有参与者都能在没有中心协调者的情况下，高效地完成交易和合作，从而降低权力垄断和协同风险。但这也正是问题所在，因为那些在传统供应链中具有主导地位的"经济赢家"可能会看到这种去中心化，并将其作为一种威胁，担心自己失去利益和地位。

第三节　证券交易结算

一、简化证券结算流程

证券结算通常在证券交易流程的后端发生，确保交易完成后证券和资金能够正确转移。在现行证券结算机制中，引入中央对手方直接或间接地参与买卖双方的市场交易，通过实施多边净额担保结算，显著降低了证券市场的交收风险。但是，随着资本市场的不断发展和日益复杂化，提高交易效率和降低交易成本的需求愈发迫切。区块链技术的出现，使得去信任机制可以省去第三方中介（中央对手方），从而提高资本市场的运作效率，尤其是交易结算效率。

（一）现行的证券结算

1. 现行证券结算流程

证券结算流程确保了资金和证券能够准确、安全地从一方转移到另一方，这个流程可以划分为清算和交收两大部分。清算主要涉及"算账"，即根据交易规则计算各交易方应收和应付的资金和证券数额。交收则是"结账"的过程，即根据清算结果在约定的时间里转移资金和证券以履行交易合约。

按照这一流程的先后顺序，整个结算可以进一步分为八个步骤：交易数据接收、清算、发送清算结果、结算参与人组织证券或资金以备交收、证券交收和资金交收、发送交收结果、结算参与人划回款项以及交收违约处理。[1]

2. 证券结算原则

在现代金融市场中，证券结算主要遵循四个基本原则：净额清算、中央对手方、分级结算和货银对付。

（1）净额清算是其中的一项基础原则，也被称为差额清算，是指在一定时期内，不是按照逐笔交易的发生额，而是按照收支轧差后的净额支付的行为。净额清算主要有两种形式：双边净额清算和多边净额清算。多边净额清算是目前证券交易中更为常用的一种方式。

（2）中央对手方是指在结算过程中，介入交易双方的交易关系中，作为所有买方和卖方的交易对手，并保证交收顺利完成的主体。这一角色一般由结算机构充当。

（3）分级结算是指证券登记结算机构与结算参与人之间进行一级结算，结算参与人与投资者之间进行二级结算。具体来说，证券登记结算机构负责办理证券登记结算机构与结算参与人之间的集中清算交收；结算参与人负责办理结算参与人与客户之间的清算交收。这种分级结算制度减少了证券登记结算机构直接面对交收对手方的机会，提高了结算效率，有利于结算机构控制交收违约的风险。

（4）货银对付是将证券交收和资金交收联系起来的机制，即在办理资金交收的同时完成证券的交收，通俗地说就是"一手交钱，一手交货"。货银对付机制对防止买空和卖空行为的发生、维护交易双方正当权益、保护市场正常运行起着关键的作用。

结算业务一般有两级结算过程：一级结算和二级结算。一级结算由证券登记结算机构负责组织完成，而二级结算则由结算参与人负责。在一

---

[1] 证券业从业人员资格考试研究中心. 证券交易（2012—2013 年）[M]. 北京：中国发展出版社，2012 : 254.

级结算过程中，证券登记结算机构扮演着中央对手方的角色，该机构在结算过程中会以多边净额清算的方式计算每个结算参与人与中央对手方之间累计的应收应付证券和资金，在得出清算结果之后，按照货银对付的原则，以结算参与人为结算单位办理清算交收。之后，再由结算参与人完成与客户之间证券和资金的二级交收。

3. 现行证券结算流程的弊端

现行的证券结算体系在保证证券交易正常进行方面起到了重要作用，其中心化的模式以中央对手方制度为核心，提高了证券结算的效率。然而，这种集中式的系统也带来了以下几个方面的问题：

（1）信用风险。在中央对手方制度下，所有结算参与人所面临的信用风险被集中并转移到作为中央对手方的证券登记结算机构身上，这种集中化的方式并没有从根本上消除或降低信用风险，而只是将其转移。在交易一方出现违约的情况下，证券登记结算机构还须向交易履约的一方履行应付证券或资金交收义务。这样的制度安排在市场稳定和活跃的情况下可能并不会出现明显问题，但在市场波动加剧或发生突发性事件的情况下，可能会触发一系列连锁反应。如果证券登记结算机构因为需要垫付大量的证券和资金而面临流动性问题，那么整个证券交易系统都可能因此而崩溃。

（2）中心化的系统带来的隐患。中央对手方制度为现代金融交易提供了一种机制，旨在集中和简化交易流程，以提高交易效率。然而，这种高度中心化的交易体系并非没有缺点，其中涵盖多方面的风险。一方面，在该体系中，所有的交易都由中央对手方完成。这就意味着所有结算参与人都依赖于证券登记结算机构交易系统，这种依赖性就造成了一系列风险，包括但不限于资金链的不稳定。举例来说，如果证券登记结算机构所指定的结算银行出现资金问题，整个交易体系的货银对付就可能面临瘫痪的风险。另一方面，在这样一个高度中心化的网络体系中，中心节点会成为潜在的风险点。一旦中心节点遭受网络攻击，整个交易体系的安全性都可能受到影响。由于所有交易数据和结算信息都集中在这个节点上，攻击者可能会窃取资料、篡改交易数据或者使系统崩溃，这将极大地影响交易的安全性和效率。

（3）中间交易环节成本高。传统证券交易的结算过程包括多个环节，涉及证券交易所、登记机构、托管银行、证券经纪商、结算机构等多个参与方。当交易跨越国界时，国际中央证券存管机构也会加入这一庞大的结算网络中。这种专业化细分在一定程度上提高了效率，因为每一个参与方都有其专业领域。然而，这种分工也意味着交易结算业务的中间环节多、业务流程长、处理成本高。以美国股票市场为例，从交易指令发出到结算结束，需要 T+3 天的时间，涉及的参与方包括买卖双方的经纪商、托管银行、交易所，以及负责交易结算的美国存管信托和结算公司。此外，为防控系统性风险，中央结算机构还需要对结算参与人提出保证金的要求。这进一步增加了市场参与者的资金占用，从而提高了整个交易的成本。

（二）区块链技术在证券结算中的应用

1. 应用前景

区块链技术和智能合约技术在证券结算领域的应用具有革命性意义，不仅能解决信任建立的问题，还可以大幅度提高结算效率和准确性。其一，在传统证券结算模式中，信任机制通常是通过中心化的第三方来建立的，不仅需要复杂的合规程序，而且面临诸多安全风险。区块链技术的出现改变了这一格局，通过电子签名技术，它可以确认各个结算参与者的身份，而无须依赖单一的中心机构。结算参与者作为网络节点而存在，形成一个分布式数据库系统，从而实现跨组织、跨地域的信任。其二，在区块链中，一旦交易被验证并添加到链上，就不能被篡改或删除，增加了数据的不可篡改性和透明性。这种特性尤其适用于证券结算，因为在传统模式下，信息不对称和数据篡改的风险一直是一个大问题。利用区块链技术，信息不仅能够迅速地在网络中传播，还可以最大限度地保证其公开透明。其三，智能合约技术进一步加强了区块链在证券结算中的应用。传统的证券交易和结算通常需要通过多个步骤和人工操作来完成，不仅耗时，而且容易出错。而智能合约则能自动执行预定的任务，只要满足设定的条件，如买方付款和卖方交付证券，智能合约就会自动完成资金和证券的划转。

这种自动化程度高的特性，使得结算过程不仅更加快速，而且更为准确，让点对点的实时交易成为可能，大幅缩短了结算所需的时间。这对投资者来说意味着更高的资本效率和更低的交易成本，同时系统运行的稳定性也得到了提高，因为智能合约减少了人为错误和延迟。

2. 区块链技术在证券结算中应用的优势

（1）降低数据管理成本和协调成本。在传统的结算体系中，中心化的数据存储和管理通常会带来很高的成本，同时各个参与方由于系统的不兼容性，还需要投入大量人力和时间进行数据协调和对账。然而，在基于区块链的结算体系中，这些问题都可以得到有效解决。区块链的分布式账本能够实现交易信息的实时广播，使得所有参与的节点都能同步更新最新的总账本。没有了集中维护数据的必要性，企业和机构可以将这部分原本用于数据维护和系统协调的成本和时间用于其他更加核心的业务活动。

（2）自动清算并结算。区块链技术和智能合约的结合为自动化提供了强有力的工具，在基于区块链的结算系统中，大多数交易流程可以实现自动化操作，一旦交易完成并被记录在已经形成的区块中，再经由共识机制确认后就无法更改。与此同时，智能合约可以根据预定的条件自动执行交易，如果所有条件都得到满足，资金和证券等交易标的就会按照合约规定的数额自动划转，省去了在传统结算流程中烦琐的确认和对账环节。这样，清算和结算流程都可以在算法控制下，精确、自动地得以执行。

（3）在传统的证券交易体系中，A股和B股通常采用T+1的交收周期，即交易完成后需要一个工作日才能完成结算。在美国和其他境外交易市场，这个时间甚至可能长达两个工作日或更多。这种模式对流动性管理提出了更高的要求，尤其是在多边净额清算体系中，如果想实现T+0这样接近实时结算的交收周期，需要证券结算机构预先准备大量的资金和证券。区块链技术的应用能够显著改变这一现状，由于区块链采用点对点的网络结构，交易双方可以直接进行交易，无须通过中央对手方，这样不仅简化了交易流程，还大大提高了交易的时间灵活性。

（4）安全性增强。第一，在当前的交易模式中，中央对手方起到了缓冲信用风险的作用，然而这样的模式仍然存在单方面违约的风险。区块链技术通过货银对付的方式，在交易成功的情况下让证券和资金同时划转，在交易失败时则两者都不划转，极大地减少了单方面违约的可能性。此外，公钥和私钥的加密机制也确保所有交易记录都是真实和不可伪造的，从而遏制了幌骗和裸卖空等违法证券交易行为。第二，区块链技术确保每一笔交易都是透明和可追溯的。每一笔交易都会被记录在区块链上，并由时间戳标记，以证明交易的先后顺序。这样的设计不仅使得证券交易记录不可篡改，还使得所有资金和证券的流向都可以追溯到源头。这种透明性和可追溯性也为监管机构提供了极大的便利，从而间接提高了交易的整体安全性。第三，在区块链网络中，每个节点都拥有一份完整的交易账本，形成了一种分布式数据库，这种结构增加了系统承受单点攻击的能力。一方面，要想篡改账本必须控制一定比例的全网算力，这显著提高了网络攻击者的门槛；另一方面，即便是在受到攻击的情况下，每一个参与的节点都拥有完整的交易记录，可以很快地恢复交易数据。

3. 区块链技术在证券结算中应用的局限性

（1）技术发展滞后与成本问题。尽管区块链基础技术已经有了一段时间的发展，但其应用于实际证券交易中仍面临诸多技术挑战。特别是每天的交易量极大，而每个区块的容量又有限，导致需要生成更多的区块来记录所有的交易信息。这不仅需要大量的存储空间，还会耗费相当多的时间，从而增加成本。为解决这一问题，需要开发更高效的数据存储和处理算法，或者探索新的共识机制以提高交易处理速度。

（2）通信延时问题。区块链采用网络广播的方式发布交易信息，这样做在4G等现有网络技术下可能会导致通信延时。特别是当网络使用率高和带宽资源紧张时，信息传输阻塞的可能性将增加，这会影响交易信息及时传递到结算参与方。因此，优化网络架构和提高信息传输效率成为解决这一问题的关键。

（3）监管风险。随着区块链在金融场景中越来越多的应用，现有的法律法规面临全新的挑战。例如，关于金融资产在区块链登记、结算等流程中，结算参与各方的权利和义务还没有明确的法律规定。这为区块链的健康发展带来了不小的阻碍。

二、化解结算风险

（一）证券结算过程中面临的风险分析

1. 信用风险

信用风险是指在信用交易过程中，由于交易的一方不能履行偿付责任而给另一方造成损失的风险，又被称为违约风险、失信风险。[1] 这种风险通常可分为两大类：本金风险和重置成本风险。

本金风险主要涉及当一方在进行证券交割或资金支付时，对方未能按期交付相应的资金或证券，从而导致的资本全额损失。这种风险一般是交易双方在时间、流程或信息不同步的情况下出现的。例如，一家企业可

---

① 高杰英. 信用评级理论与实务 [M]. 北京：中国金融出版社，2016：7.

能因未能及时收到投资回报而导致现金流问题，或者投资者可能因为对方违约而损失全部投资。重置成本风险则是指在交易方未能履行证券交割或资金支付义务的情况下，另一方不能再按照原定价格进行交易，从而产生额外的成本。这一风险通常是由从交易达成到交易结算的时间差造成的市场价格波动所引发的，这种风险在高波动性的市场中尤为明显。

2. 市场风险

市场风险主要是由市价的不利变动而造成的，包括利率风险、汇率风险、股价风险和商品价格风险。对于结算机构来说，股价风险尤为关键。如果结算机构持有用作质押的股票，一旦其股价下跌，担保额可能就会不足，从而导致结算机构面临损失。因此，结算机构需要建立健全的风险评估和管理机制，如设置足够的担保金比例，或者采取动态管理质押资产的方式。

3. 操作风险

操作风险主要是由结算机构内部的失误或系统故障引起的，这种风险的突发性和不可预测性使其成为一种非常危险的风险类型。2013 年 8 月 16 日，光大证券公司策略投资部的套利策略系统由于设计缺陷出现故障，出现价值 234 亿元人民币的错误买盘，成交约 72 亿元。[①] 最终公司虽然补足了资金，但这一事件充分暴露了操作风险的严重性。对于结算机构来说，建立严格的内控体系、定期进行操作流程的审计和检查，以及加强员工培训是减少操作风险的关键。

4. 流动性风险

流动性风险是指资产无法以合理的成本及时变现，从而可能给资产

---

① 杨峰，赖华子. 商法案例分析 [M]. 上海：上海三联书店，2021：264.

持有者带来损失的风险。[①] 对于结算机构来说，如果在特定时期内无法足额拿出现金交付给交易对手方，可能会给自身带来损失。这可能是由于结算机构自身的资金管理不善，或者市场上的突发事件而导致的资金被锁定。例如，如果一家结算机构的大部分资金被投资在不容易变现的资产上，那么机构在需要大量现金进行交割时，可能会面临流动性风险。

5. 国家风险

国家风险是指结算机构在与境外的交易对手方进行结算时，因对方国家的政治、经济、社会等方面发生变化而导致交易对手方无法将资金汇回，从而带来损失的风险。例如，如果一个国家的政府突然实施资本管制，限制资金的跨境流动，那么结算机构可能无法及时收到境外交易对手方的资金。目前，这种风险主要发生在 B 股的结算中，因为 B 股主要是针对外资投资者，其交易和结算往往涉及跨境资金流动。

6. 声誉风险

声誉风险是一种经常被忽视但极其重要的风险类型，尤其对于结算机构来说。由于结算机构在金融交易中起到关键的中介作用，其声誉直接关系到交易对手方是否愿意与其进行交易，任何可能影响其声誉的因素，如意外事件、政策调整、市场表现或日常经营活动的负面结果，都可能导致交易对手方对其信用产生怀疑，进而拒绝与其进行交易。以结算机构出现大量亏损的消息为例，一旦这种消息传出，交易对手方可能会立即重新评估与该结算机构交易的风险，甚至可能会选择暂停或终止与其的交易活动。在这种情况下，结算机构不仅面临紧张的财务压力，还可能因为交易

---

① 杨瑞成，巴拉吉尼玛.金融风险管理课程思政教育素材挖掘与解析 [M].北京：中国商务出版社，2021：88.

量的减少而导致进一步的损失。更糟糕的是，声誉损失通常是长期的，并可能需要很长时间和巨大的努力来恢复。

7. 法律风险

法律风险主要是指结算机构因违法违规行为而可能招致的诉讼或者行政处罚风险。在法治不健全的环境下，这类风险的发生概率会大大增加。例如，如果一个结算机构在没有充分了解当地法律法规的情况下进行跨境业务，可能会因不了解当地的合规要求而触犯法律，从而导致罚款或者牌照被吊销等严重后果。因此，结算机构必须确保自己的所有业务活动都是在合法和合规的前提下进行的。

8. 战略风险

战略风险则是结算机构在长期发展规划中可能面临的风险。如果结算机构在某一区域或市场内的定位失误，尤其在全球化趋势下，可能会对其未来造成重大损失。例如，如果一个结算机构过于集中于一个日益衰退的市场，或者忽视了某个新兴市场的发展潜力，就可能导致其在未来面临严重的财务困境。

（二）中央存管机制下的信用风险

在资本市场中，第三方存管机构起到至关重要的作用，尤其是在涉及大量上市公司和投资者的证券交易中，这些第三方存管机构不仅为交易提供担保，还负责完成证券的交割清算，确保交易的顺利进行。这便是在证券交易中的中心化信用。

1. 中央存管机制

中央存管机制涉及多个机构，所以业务程序较为复杂。其具体内容如下：

（1）中央对手方成为缔约方。在传统的交易模式中，买方和卖方直接面对面进行交易，信用风险相对较高，尤其在大额交易或是参与方具有不确定性的情况下。但在中央对手方机制下，这些风险都被集中和管理，因为所有投资者的证券账户都由中央对手方存管，一旦投资者发出买或卖的指令，并且账户内有足够的资金或股票，交易就会被自动匹配和完成。中央对手方通过一系列合同与买卖双方建立关系，间接将投资者、券商和其他结算参与者连接起来。一旦买方和卖方在证券交易所表示同意进行交易，中央对手方即自动直接参与他们之间的交易，取代原来的合同，形成两个新的合同关系：一个是中央对手方与买家之间的合同，另一个是中央对手方与卖方之间的合同。这样，原来买家和卖家之间的信用风险就转变为买家与中央对手方、卖方与中央对手方之间的信用风险，由专业的中央对手方来管理和承担。这种机制有效降低了市场参与者面临的信用风险。

（2）中央存管机制下证券的持有模式。在中央存管机制下，证券的持有模式主要分为直接持有与间接持有两种，这两种模式各有优缺点，并对投资者、证券公司，以及中央存管机构有不同的影响。第一种，在直接持有模式下，投资者在中央对手方名下直接开立证券账户。这种模式的最大优点是它提供了额外的安全层，因为中央对手方通常是资信良好、受到严格监管的机构，所以即使投资者通过证券公司购买了证券，而该证券公司破产或倒闭，投资者的资产也不会受到影响，大大降低了投资者面临的信用风险。第二种，在间接持有模式下，投资者并没有直接在中央对手方名下开立账户，而是将其证券资产委托给证券公司保管。这就形成了一种二级托管体系：中央对手方是证券公司的对手，而非单个投资者。这种方式的优点是操作简便，投资者不需要直接与中央存管机构打交道，一切交易和管理活动都可以通过证券公司来完成。

2. 中央存管机制存在的风险

（1）运行效率较低导致的结算风险。在这种机制下，证券买卖双方不能即刻完成交易，必须等待中央对手方完成交易结算。这增加了交易的时间成本和经济成本，进而延长了结算周期。因此，结算周期越长，持有证券的风险就越大。特别是在资本市场高度波动的情况下，这种延时可能导致巨大的财务损失。

（2）无法实现货银对付造成的信用风险。在一级或二级存管机制下，投资者和证券公司都必须在银行开立结算资金账户，而中央对手方则需要将这些资金全额存入清算备付金专用存款账户。这样做的结果是，由于证券结算程序的复杂性，资金和证券的交割不能同时完成，卖方不能即时收到资金，买方也不能即时收到证券，在一定程度上增加了信用风险。

（3）多个主体导致的信用风险。中央存管机制涉及多个主体，包括中央证券存管机构、证券经纪商、商业银行等，这种多方参与的机制形成了复杂的信用关系网。这不仅使得交易过程更加复杂，而且可能引发或放大信用风险。如果其中一个环节出现问题，如商业银行或证券经纪商出现流动性问题或破产，直接影响整个存管体系，可能导致"多米诺骨牌"式的连锁反应。

（三）区块链技术对中央存管的改进

1. 区块链本身就是一种信用机制

区块链技术以其分布式账本和去中心化的特点重新定义了信用和交易的概念。与传统的集中式系统不同，区块链系统的管理流程是公开和透明的，每个网络节点都有权录入和验证信息，这一点极大地增加了系统的可信度和透明性。在传统的金融和交易体系中，信用通常是通过第三方机构来建立和保证的。例如，银行、信用评级机构，或者支付平台等，这些中介机构确保交易的安全和有效性，但也带来了额外的时间成本。相比之下，区块链技术允许信用直接在交易双方之间建立，所有参与者的账户信息都是分布式存储在区块链上的，因而不需要通过任何第三方组织来完成交易。这减少了交易成本，提高了交易效率，并且由于信息是透明和不可篡改的，也增强了交易的安全性。此外，区块链还凭借基于去中心化的多点记账和自动算法构成的共识机制，创造了一个可以避免人为操纵和篡改的资产交易记载和证明体系。

2. 基于区块链技术的证券交易信用机制

在传统模式下，证券交易通常依赖中央对手方（如证券交易所或结算机构）来确保交易的完整和安全。这一体系虽然成熟，但也存在中心化风险和效率不高等问题。区块链技术的证券结算系统可以通过去中心化和分布式账本来解决这些问题。在这样的系统里，交易架构变得扁平化，各方不再需要通过一个中央机构来建立信任关系，取而代之的是对整个技术框架的信任，因为每一笔交易都会被加密和永久记录在区块链上，使其难以被篡改或删除。这样，相关权责关系也更加清晰明了，大大减少了不当行为和欺诈行为发生的可能性。

3. 证券持有模式以直接持有为主

区块链技术的应用在证券交易领域产生了一系列的革命性变化，尤其是在信用机制和结算方式上。在这个体系中，所有投资者都可以进行"面对面"的交易，无须第三方来确认或担保，因为每个节点的信息都是在保护当事人隐私的前提下由本节点直接记录的，这样就消除了在传统模式中必需的中间环节。在直接持有模式下，投资者自己就是资产的真正持有者，同时所有交易信息都可以准确地溯源到投资者本人。这一点不仅增加了交易的透明度，也大大提高了交易的安全性，证券结算也变得更为高效，因为它直接在买卖双方之间进行，无须其他第三方的参与。

这就意味着交易可以实时结算，真正实现了货银对付。

4. 证券交易无中央对手方，无须合同替代

中央存管模式下的证券交易是一种极端中心化的模式，所有买卖行为都需要中央存管机构充当买卖双方的中央对手方，投资者之间的买卖合同会被买卖双方分别与中央对手方之间的买卖合同替代，这在法理上与《中华人民共和国劳动合同法》相冲突。然而，区块链技术的应用使得这个问题迎刃而解，因为在区块链中，投资者之间可以进行直接交易，从而减少了诸多环节，不仅节约了成本，还分散了风险。在传统的中央存管模式中，风险承担机制是由中央对手方担保的，但是在区块链技术应用下，风险承担机制变成由交易双方当事人自行承担。以前集中在集中式分类账中的数据和风险，现在分散到所有参与者（节点）上，既公平合理，又符合法理。

基于区块链技术的结算系统是金融科技在证券交易业务中的一次革命性创新，它颠覆了传统观念和技术，给既有的机制带来了很大的冲击和改变。但是，必须承认，中央存管作为一种成熟的证券结算系统和证券交易信用机制，其安全性和稳定性长期以来已经得到验证，因而在短期内是不可能被区块链系统完全取代的。目前，区块链技术的优势已经为世界各国（或地区）的证券交易所、监管机构所认识，一些中央存管以及证券结算环节中的参与者正在改变他们对这些新技术及其在区块链世界中未来地位的看法。不断增加的监管、陈旧的系统和成本压力是驱使中央存管将区块链应用于某些方面的主要因素，它们越来越多地将区块链技术视为有效处理现有业务和创新服务的推动者，而不是对现有体制的威胁。

第四节　电子合同与数字版权

一、区块链在电子合同领域的应用

（一）区块链技术在电子合同领域的价值

在当代商业活动中，电子合同扮演着越来越重要的角色，它们因为便捷、高效和易于存储的特点而受到广泛的欢迎。

电子合同的法律效力一直是用户和法律专业人士关注的焦点，因为合同的根本在于它具有对当事人的法律约束力。电子合同的法律效力取决于电子签名的可靠性，而可靠的电子合同需要具备以下几个条件：其一，电子签名制作数据用于电子签名时，属于电子签名人专有；其二，签署时电子签名制作数据仅由电子签名人控制；其三，签署后对电子签名的任何改动能够被发现；其四，签署后对数据电文内容和形式的任何改动能够被发现。简单来说，就是"真实身份＋真实意愿＋原文未改＋签名未改"。在这方面，区块链技术作为一种新兴技术，具有很高的应用潜力。由于其去中心化和分布式存储的特点，区块链技术可以增加电子签名和电子合同的可靠性。具体来说，区块链技术的防篡改特性使得任何对原文或签名的改动都会立即被发现，这实际上就是给电子合同加了一层"双保险"。

对于有保密需求的合同，区块链还有其独特的优势。通常，敏感或私密的合同内容需要在业务系统内部保密。系统通过对电子合同计算哈希值，并将这个哈希值存储在区块链上，就可以在不泄露合同原文的情况下，实现对合同内容的有效验证。这种方法不仅能防止合同被篡改，还能在保护合同隐私的同时维护合同的法律效力。

区块链技术不仅能增强电子合同的法律效力，还能通过多层次的应用改进合同流程和管理方式。具体来说，区块链能够对用户的注册信息、实名认证以及意愿表达环节进行存证，从而形成一套完整的证据链。这不仅能够实现对用户签署场景的还原，还能为"真实身份＋真实意愿"提供有力的证据支持。借助区块链技术，各种法律机构，如互联网法院、公证处、司法鉴定中心等可以作为节点接入去中心化的存证系统，在合同签署过程中，这些法律机构能进行全程见证，当合同出现争议时，用户也能更方便地获取在线诉讼和在线公证等增值司法服务。

区块链在电子合同行业中的应用远不止于此，它还能将规则写入智能合约，实现电子合同签署后的智能履约；将合同履约情况广播上链，打造链上用户的信用体系；将与合同关联的业务数据在链上共享，形成行业大数据，并在与 AI 技术结合后建立决策引擎等。

（二）区块链技术应用于电子合同的实例

在数字化和网络化不断发展的今天，电子合同已经成为商业活动中不可或缺的一部分。如何确保电子合同的真实性、安全性和可追溯性是一个长久以来困扰企业和个人的问题。京东科技控股股份有限公司针对这一问题引入了区块链技术，使得整个电子签约流程，从用户注册、实名认证，到申请数字证书、数据创建和签署，都得以实时记录，每一个环节都会生成对应的数据"指纹"，被固化在区块链网络中。由于区块链具有不可篡改的特性，这些数据"指纹"成为具有法律效力的电子证据。为了进一步提高证据的合规性和可信度，京东科技还将这些证据备案于具有电子数据司法鉴定资质的司法机关或机构，一旦合同出现纠纷或需要进一步核实，利用区块链存证编号就能一键导入相关证据。同时，可以通过与区块链上的数字"指纹"进行对比，轻易判断数据是否被篡改，从而生成存证报告。

京东科技控股股份有限公司电子合同区块链存证有以下几个特点：

第一，规则前置的设计减少了证据核验成本。在接入司法链的应用前，会对其部署环境、系统流程和管理机制进行详尽评测，确保只有合规和可信的数据能够被接入。这样，在证据提交阶段就减少了额外的核验和筛选工作，从而降低了成本、减少了延误。这种"预先筛选"的机制不仅提高了数据的可靠性，也让后续的法律程序更为高效。

第二，事中存证大大降低了数据造假风险。在业务发生的同时，即对相关数据进行实时存证。由于数据生成及固化规则在事前已经经过多方评估，因此确保了数据在生成、传输、存储和固化等各个环节的可信度和真实性。事中存证意味着每一个动作或变更都会被即时记录，几乎消除了数据被篡改或伪造的可能性。

第三，一键出证显著提高了维权效率。由于采用了区块链存证，这些数据能直接与法院和公证处连接，大大提高了证据的可信度。这不仅减少了线下公证和司法鉴定所需的时间和人力成本，还降低了证据被篡改或丢失的风险。简单的一键操作就能将所有相关证据呈现给有关当局，使得整个纠纷解决过程更加快捷和透明。

二、区块链在数字版权领域的应用

（一）区块链与数字版权的结合

1. 链式结构、加密算法进行版权注册存证

在数字时代，版权问题越来越受到人们的关注。随着内容创造的爆炸性增长，如何保护创作者的版权成了一个迫切需要解决的问题。版权注册存证在这方面具有基础性的作用，因为它能够为创作者提供举证能力和作品的初始依据，在版权纠纷出现时，存证内容成为处理版权归属的重要证据。区块链本质上是一种安全性极高的数据结构，通过链式链接和加密算法来记录和存储数据，与版权注册存证有着天然的契合度。其具体体现在：一方面，区块链系统是多方参与维护的，每个网络节点

都存储了完整的区块数据，这样做不仅增强了系统的稳健性，还通过相邻区块之间的时间戳确保了版权信息在时间上的不可逆转性；另一方面，区块链采用安全度极高的密码学哈希算法对版权信息进行加密，这意味着每一个作品都会获得一个如同 DNA 般，直接携带且不可改变的印记。这个印记被存储在区块链中，一旦某个作品的数据被篡改，就无法得到与篡改前相同的哈希值，从而能够迅速被其他网络节点识别。更重要的是，区块链技术可以打破目前单点进入版权数据中心进行注册登记的模式，实现多节点、多终端、多渠道接入。这不仅极大地提高了系统的稳健性和可用性，还为版权存证提供了更高层次的全球化和去中心化可能。

2. 区块链版权的溯源能力

区块链数据结构具有的溯源功能，能够对作品的创作、改编、传播、售卖等一系列环节进行跟踪记录。从原创作者角度来讲，传统的版权保护机制存在不少问题。例如，如果侵权者抢先完成作品的版权登记，原创作者要进行维权就会面临巨大困难；而在基于区块链的版权注册机制下，原创作者可以直接在区块链应用程序中进行创作，每一次创作时间和原创内容都会被记录和加密，这些信息，包括时间戳、作者身份和作品的关键信息等，都会被打包写入区块链存证。因此，存在于区块链系统里的作品存证序列能够完整地反映整个创作过程，为原创作者在必要时提供有力的、可检索和可验证的证据。

区块链技术的去中心化特性也极大地增强了版权数据的安全性和可靠性。传统的中心化版权管理系统容易受到单点故障或者恶意攻击的影响，而基于区块链的版权管理系统则可以避免这些问题。由于其每一个参与节点都保存了全套的版权数据，任何未经授权的更改都会被系统迅速识别和拒绝，从而确保了数据的完整性和安全性。

3. 智能合约的应用

版权注册存证与确权是两个概念，但两者在实际应用中常常被混淆。注册存证是一种证明行为，主要是对用户上传作品进行存储性的证明，为可能发生的后续纠纷提供证据；而确权是一个更复杂的法律过程，它涉及确定作品和作者之间的权属关系，通常需要对作品内容进行详细的鉴定和取证。

传统的版权确权流程往往烦琐且耗时较长，在很大程度上限制了原创作者的权益保障，依靠区块链智能合约技术能够实现对数字作品版权的快速、实时确权，一旦在数字作品文件中嵌入具有版权管理功能的智能合约程序，该作品就变成了一种可编程的数字化商品。这意味着，在与大数据、人工智能、物联网等其他新兴技术结合后，智能合约能够自动完成作品版权的确权和授权。假设一个音乐作品被非法复制和传播，智能合约可以立即识别这一行为，并自动采取一系列预定的应对措施，如通知原创作者、限制非法内容的传播等。这一切都可以在智能合约的内置程序被触发的瞬间完成，无须第三方平台介入，这样的自动化、智能化和透明化管理，不仅能大大降低交易成本，也有助于维护原创作者的合法权益。

（二）区块链对数字版权行业的影响

1. 有利于资产增值

智能合约技术和相应的激励机制可以用于创建一个智能化的数字版权交易系统，从而驱动现有的巨大存量资源，使整个文化资产升值。这种系统可以解决在传统数字版权行业中的一些主要问题，如作者的弱势地位和收入较少等。构建一个多方受益的出版生态系统，可以加速传统数字版权业的转型，区块链技术能够极大地激发原创作者的创作热情，从而整体激发文化创作产业的活力。当原创作者知道他们的作品受到保护时，将会更加积极地投入创作，从而产生更多的优质内容。文化创作产业的兴盛会带来出版业的繁荣，涌现更多的优质原创作者，进而出版商有机会与他们签约出版，或者从图书音像市场中购买更多的优质版权。区块链数据对所有用户，包括广告商，都是透明的，这意味着广告商可以在区块链上获得真实的作品阅读和广告浏览数据，从而为广告效果评估和广告经营决策提供准确的依据，提升用户体验。

2. 增强版权法律保护能力

数字技术的飞速发展不仅改变了人们生活和工作的方式，还在深刻地影响着法律体系和规则执行的模式，使得网络世界的规则和现实世界的法律法规之间的界限日渐模糊，法律法规也日益程序化。其中，区块链智能合约技术成为一种创新性的解决方案，它能将法律转化为可执行的代码。

以往，人们主要依靠合同协议和技术规则来规范网络行为，而这些机制往往只能在违法行为产生后才能得以实施。换言之，传统的规则体系大多侧重事后惩罚，而不是事前预防。但在区块链环境下，这一现状得以显著改善，智能合约可以在侵权行为实施之前进行预警和提示，事先对可能的侵权行为进行限制和约定。例如，在版权保护方面，智能合约可以用于确保数字作品的唯一性和原创性，它可以自动追踪作品的使用和分发情况，一旦发现未经许可的复制或分发行为，即可立即触发违约程序。这一机制不仅提高了版权法的执行效率，而且显著地降低了执行成本，因为整个过程不需要任何个人或第三方机构参与，从根本上解决了"执行难"的问题，提高了版权法律的保护能力。

（三）基于区块链的数字版权管理服务平台

一个完善的基于区块链技术的数字版权管理服务平台可以包括多个层次的架构：资源层、分析层、网络层、共识层、合约层、应用层等。资源层可细分为作品版权数据库、版权登记数据库、费用计算认证数据库和内容特征数据库；分析层包括数据区块、时间戳、哈希算法、非对称加密；网络层采用的是 P2P 网络、验证机制和分销机制；共识层采用的是工作量证明机制；合约层由智能合约和一些相关规定组成，可以提升平台的处理效率；应用层主要由三条区块链共同组成，这三条区块链分别负责账户、版权和交易三个方面。以下具体介绍应用层的三个方面：

1. 账户模块

这一模块不仅要确保用户身份的可靠性，还要保障其个人财务和收益的安全性。对于用户来说，首先，进行实名注册是进入平台的第一步，这一步骤能确保每个账户都与一个真实身份相对应，从而避免了版权盗窃和身份冒用。其次，注册过程要求提供相关证件和其他验证材料，以确保账户的真实性和安全性。最后，一旦用户通过审核，他们就可以访问钱包模块，实时查看作品分销所带来的收益。这些信息被记录在区块链上，无法被篡改，为作者提供了一个可靠和透明的收益查看渠道。

2. 版权模块

版权模块包括作品上传模块、版权登记模块、授权模块和内容审核模块。首先，在作品上传模块中，创作者可以轻松上传自己的作品，无论是图片、音乐、文字还是视频。这些作品一旦被上传，就会得到一个不可篡改的时间戳，证明作品在何时被创造和上传，这对于以后可能出现的版权纠纷是非常有价值的证据。其次，版权登记模块进一步确保了作品的唯一性和原创性。在这一模块中，系统会自动将数字版权唯一标识符（DCI码）嵌入数字证书中，这是作品版权不可篡改的证明。最后，授权模块允许创作者灵活地设置作品的使用权限，包括授权方式、分销渠道、分销价格和分销规则。这些设置也会被记录在区块链上，确保所有交易都是透明和不可篡改的。

3. 交易模块

交易模块的区块链主要包含渠道分销模块、付费模块、智能合约模块、数据统计模块、监控模块五个功能模块。第一，渠道分销模块允许创作者灵活推广自己的作品，不仅可以依托平台根据预设的授权方式进行作品的分销，还可以选择自行将作品分享到各大社交媒体，如知乎、豆瓣、微博和微信，以扩大观众范围和提高作品的曝光率。第二，付费模块则提供了一个便捷的支付通道。任何对作品感兴趣的观众都可以轻松登录平台，进入感兴趣的作品页面，并直接支付相应的费用以获取观看或使用权限。第三，智能合约模块是整个交易模块的核心。通过编写专门的智能合约，平台可以自动执行版权作品的上传、点播、转发和支付等一系列复杂操作，还可以根据预定的规则自动计算分销奖励和运营管理费用。第四，数据统计模块负责实现平台与不同用户之间的财务清算和对账操作。通过高度自动化和精确的数据统计，这一模块可以确保所有涉及金钱的交易都能准确无误地被记录和结算，消除了传统对账方式中可能存在的各种问题和风险。第五，监控模块负责实时监测和阻止任何潜在的侵权行为。一旦侵权行为被检测到，该模块不仅会自动保存相关证据，而且会及时通知被侵权方，以便他们能够采取相应的法律措施。

第五章　加密货币的经济影响

第一节　比特币：首个加密货币的出现

一、比特币的定义和特征

（一）比特币的定义

比特币是一个利用加密技术和互联网金融的点对点借贷平台（P2P）创建的电子现金系统。与依赖第三方金融机构的传统货币不同，比特币完全去中心化，这意味着在线支付可以直接从一方传输到另一方，无须任何中介参与。其货币的发行也不是基于任何中心机构进行的，而是由特定的加密算法决定的。通过网络上的分布式 P2P 节点，比特币实现了货币的发行、管理和流通，同时它利用密码学确保网络交易的安全性，避免双重支付等问题。

（二）比特币的特征

1. 交易不可逆

比特币的交易一旦被确认，便不可逆转。比特币交易不可逆的这一特点在降低撤销交易相关的复杂性方面起到了显著作用，同时在一定程度上保护了收款人的权益，并有效地抵御了信用风险。但是，如果交易因误操作而进行，付款方将面临无法挽回的损失。因此，进行比特币交易时必须格外小心和谨慎。

2. 可追溯性

比特币的所有交易记录都被保存在相互连接的区块中，形成了一个公开的分布式账本，即每个新的区块都包含前一个区块的交易信息，确保了所有交易的连续性和完整性。这些按时间顺序排列的区块记录了比特币的所有交易历史，使得任何人都可以追溯和查询交易记录。并且，由于这个账本是分布式存储在网络上的众多节点中，即便部分节点出现故障，也不会影响比特币交易历史的完整性和可追溯性。

3. 去中心化

比特币的核心特点在于去中心化。从发行角度来看，比特币不受任何第三方机构的控制，它依赖于一个内置的算法和发行机制，在其分布式网络中，每个节点都可以通过竞争获得记账权，成功的节点能"挖矿"产生新的区块，并因此获得新的比特币奖励；从管理角度来看，比特币网络中的每个节点都参与交易的验证和管理，每个节点都有能力对交易的真实性进行验证，以共同确保整个网络的交易安全和稳定，从而在节点间建立一个去中心化的信任体系。

4. 公开透明

比特币具有公开透明的特点。首先，比特币的源代码是完全公开的。这意味着任何人都可以访问和审查它，这种开放性确保了代码的透明性和公正性。其次，比特币的所有交易都被记录在公开的分布式账本中。这些记录分散存储在网络中的各个节点上，因而每笔交易都是可查、公开且透明的，任何人都可以验证其真实性和完整性。

5. 隐匿性

尽管比特币的每一笔交易都是公开且可查询的，但是这些交易并不直接与用户的真实身份相连。究其原因，主要是用户可以拥有多个比特币地址，这些地址仅仅是一串十六进制数字，与他们的实际身份没有直接关联。在进行交易时，用户使用私钥进行签名，而这个私钥仅为用户所知，这样的设计确保了比特币在整个交易过程中为用户提供了高度的隐私保障。

二、比特币的产生与发展

比特币于 2009 年 1 月正式问世，并逐渐在全球范围内获得关注。从它的初步发展到现在，可以通过观察和分析其在不同国家和地区的应用，将其发展过程划分为多个不同的阶段。

（一）全球比特币发展阶段划分

纵观比特币的全球发展，大致可划分为以下四个阶段。

1. 萌发期（2008 年 11 月—2010 年 5 月）

在 2008 年 11 月到 2010 年 5 月的这段时间里，比特币经历了其初始的萌发和形成阶段，并首次被贴上了价值标签。

2008 年 11 月，一位化名为中本聪的神秘人物在线上发布了一篇题为《比特币：一种点对点的电子现金系统》的论文，详细描述了一种新的基于 P2P 和加密技术的电子货币系统。2009 年 1 月，比特币正式诞生。中本聪通过"挖矿"的方式获得了最初的 50 个比特币，标志着这一全新、开源、去中心化的货币系统的开始。尽管这一开始引发了技术爱好者的一些讨论和关注，但当时的比特币在全球范围内尚未被普遍看作有实际经济价值。这一切在 2009 年 10 月发生了改变，比特币的汇率首次被公布，当时的汇率是 1 美元可以兑换 1 309.3 个比特币，这为比特币打上了具体的价值标签。2010 年 5 月，世界上首次发生了基于比特币的实物交易，当时一个佛罗里达州的程序员使用比特币购买了比萨。这一交易不仅验证了比特币的实际使用价值，而且为其进一步的普及和使用打开了大门。

这一阶段见证了比特币从一个纯粹的概念走向现实，从无价值的数字信息变为一种具有经济价值的货币，以及从小圈子的尝试扩展到全球视野，标志着比特币在全球经济舞台上的首次亮相。

2. 初步成长期（2010 年 6 月—2013 年 1 月）

2010 年 6 月—2013 年 1 月，比特币获得了较快速的发展，其知名度、受欢迎程度和价值都迅速增长，但也面临了新的挑战。2010 年 7 月，比特币交易进入一个新纪元，当时的 Mt.Gox（昵称"门头沟"）成为首个比特币交易平台，为比特币提供了一个集中的买卖场所，也促使比特币的流通性大增，并为其普及做出了巨大贡献；2011 年 2 月，比特币的价值与美元达到了 1∶1 的比例，这一里程碑事件显示了比特币的强劲价值增长和市场接受度；2011 年 4 月，比特币开始引起主流媒体的关注，当《时代》周刊对其进行报道后，比特币首次在主流媒体中露面，从而大大提高了其公众知名度；2012 年，比特币开始吸引风险资本的关注，这进一步验证了其作为一种潜在的长期投资和金融工具的价值；2013 年 1 月，比特币矿业也取得了技术进步，第一台 ASIC 矿机的样机成功投入使用，标志着比特币挖矿技术进入一个新的高效时代……这些事件不仅使比特币的知名度和接受度迅速上升，也推高了其价格，使其最终在这段时间达到了 30 多美元的高点，市场总价值甚至超过了 2 亿美元。

然而，比特币匿名交易的特性也引起了黑客和不法分子的关注。2011 年 2 月，一家名为"丝绸之路"的在线市场开始运营，其以比特币为交易手段出售非法商品，迅速获得了恶名。这不仅展现了比特币的隐私交易优势，也反映出其潜在的非法用途。同年 6 月，比特币交易的重要平台 Mt.Gox 遭受严重的网络攻击。当时，黑客通过病毒侵入平台，窃取了 6

万用户数据。更糟糕的是，黑客制造了众多的伪造订单，以仅 0.01 美元的价格大量购买比特币，而当时的正常汇率是 17.51 美元每比特币。这一事件给比特币的信誉和价值造成了巨大冲击。

　　总之，在这一时期，比特币逐渐走入公众的视野，其交易量、用户基数和公众关注度都实现了显著增长。比特币影响力的扩大，不仅吸引了个人投资者和企业的目光，甚至连各国政府和中央银行也开始对它产生了浓厚的兴趣。

　　3. 飞速发展期（2013 年 2 月—2014 年 9 月）

　　在 2013 年 2 月至 2014 年 9 月期间，比特币经历了一场前所未有的繁荣与拓展。在这段时间里，比特币的产业生态迅速扩张，从核心的"挖矿"领域到交易、支付，再到金融服务和钱包，比特币逐步形成了一个完整的产业链。

　　在矿业方面，随着 2013 年 1 月第一台 ASIC（专用集成电路）矿机的出现并稳定运行，许多企业纷纷跃入这一行业，争相推出各种高效的矿机，使得整个矿业进入一种"军备竞赛"般的局势。在风投和初创公司方面，比特币相关的初创公司如同雨后春笋蓬勃发展，覆盖了比特币的各个环节，从矿业、交易平台到金融服务、支付和钱包，风险投资在此期间也大幅增长，显示出资本对这一新兴市场的高度信心。在钱包方面，产品种类不断丰富，以满足各种用户需求，从冷存储钱包、在线钱包到多重签名钱包，都在努力为用户提供更安全、便捷的存储和交易体验，促使用户数量迅速增长。在实际商用方面，2013 年 10 月，加拿大上线了首台比特币自动取款机，使得比特币的实体交易更为便利；2014 年，全球众多知名企业，如微软、戴尔，纷纷加入比特币支付的大军，进一步推动了比特币的社会认可度和实际应用价值。

　　总之，这个阶段是比特币发展过程中令人瞩目的一段时期，它的发展具有爆发性、膨胀性和投机性等特点。

4. 技术价值凸显期（2014 年 10 月至今）

自 2014 年 10 月至今，比特币在多个方面都经历了显著的发展，其价格虽然仍呈现出波动态势，但整体市场规模、交易量和风险投资的规模都在持续上升。与此同时，比特币背后的核心技术——区块链，已逐渐脱颖而出，成为全球瞩目的焦点，展现出其在技术领域的巨大价值。2014 年底，区块链技术不仅在比特币应用场景中得到广泛关注，还开始吸引众多外部公司探索其潜在的应用价值。以 Blockstream 公司为例，这家公司在 2014 年 10 月推出了侧链白皮书，设想在比特币的基础上，通过构建各种侧链，使得不同的数字资产可以在各自的区块链上自由交换和传输，旨在构建一个更加开放且能够交互的数字资产生态系统。自 2015 年起，区块链技术逐渐吸引了国内外各大企业、机构和组织的广泛关注。这项新兴技术被视为一种革命性的分布式数据库技术，其去中心化的特性给社会管理带来了前所未有的可能性，而这种可能性不仅仅局限于数字货币领域。金融是区块链技术应用的首要领域，众多行家认为它有潜力对金融服务进行彻底的革新。通过区块链，金融业务的效率得以显著提高，同时大幅度削减了其业务成本，不仅可能对传统的货币体系产生颠覆性的冲击，更有望重新塑造整个金融服务的格局。但区块链的应用远不止于此，其潜在价值还延伸到医疗、文化等领域，其应用前景超越了单一的经济体系，未来有望进一步整合和革新多个行业。

总之，这一时期，比特币所采用的区块链技术成为继比特币之后又一个全球瞩目的热点。

（二）国内比特币发展阶段划分

1. 初步发展期（2011 年 1 月—2013 年 1 月）

比特币于 2009 年 1 月诞生后，在我国的影响并不显著。初期，仅有少数游戏爱好者和技术极客知晓和涉足此新兴数字货币领域。随着 2011 年 6 月 9 日比特币交易平台的成立，比特币开始在我国逐渐崭露头角。这标志着比特币在中国的初步发展和普及，虽然当时仍然只有少数人关注，但它已成功打破了国内的信息壁垒，为更广大的民众所知。

2. 爆发期（2013 年 2 月—2014 年 1 月）

2013 年 2 月—2014 年 1 月，比特币在我国呈现出蓬勃发展的势头，不仅比特币的用户群和交易量呈现出爆炸性增长，而且新的交易平台，如 OKCoin 迅速崭露头角，与 2011 年成立的比特币交易平台一同推动了国内交易量的剧增，使得中国的比特币交易量居于世界之首。2013 年 10 月 30 日，中央电视台的《环球财经连线》节目对比特币进行了深入报道，极大地提高了其在国内的知名度。受此影响，大众对比特币的熟悉度和投资热情达到了前所未有的高度，直接推动了比特币价格的飙升。到 2013 年底，比特币在国内的价格已经达到了惊人的 8 000 元人民币，相较于其起始时期，这意味着在短短的三年时间里涨幅达到了两万倍，创下了一段传奇的财富神话。[①] 在此阶段，除了在交易领域外，比特币的"挖矿"行业也在国内取得了迅速的发展。2013 年 3 月，全球首台现货矿机问世，而短短几个月后，中国的淘宝平台上就爆发了对"南瓜机"的抢购潮。接下来，烤猫公司推出的 USB 矿机进一步加热了这股热潮。同年 7 月，ASIC 矿机的生产和销售达到了顶峰，多种型号和品牌争相推出，行业内部的竞争也从技术转向了规模和效率。此外，算力出租这一模式的出现为矿工提供了更多的选择，但也加剧了行业内部的淘汰和更新速度。

综合看来，2013 年对于中国的比特币行业而言，无疑是一个历史性的转折点。这一时期不仅见证了比特币生态系统的形成和完善，还标志着

---

① 曾克基，罗艺桐，伍茂洁，等. 比特币的价格影响因素研究 [J]. 中国市场，2023 （13）：47-50.

比特币在中国市场的腾飞。

3. 稳步成长期（2014 年 2 月—2015 年 12 月）

在经历了比特币的爆发式增长和五部委关于比特币风险防范的公告后，中国的比特币市场逐渐趋于成熟。随之而来的是，公众对比特币的投资行为逐渐趋于理性，市场的炒作现象得到一定的抑制。2014 年是比特币价格的调整年，从年初的 5 000 元人民币一比特币的高峰，经过一年的调整，到 2015 年时已跌至 1 000 多元人民币一比特币。尽管其价格经历了大幅度的波动，但对比特币行业的整体发展并未产生太大的冲击，这一时期的比特币行业，尤其是矿业和交易，都表现出稳健增长的势头。在全球范围内，中国在比特币的生产和交易领域始终保持领先地位。

总之，尽管这一阶段的比特币价格有所波动，但中国的比特币行业在整体上表现出相对稳定的发展态势。

4. 技术价值凸显期（2016 年 1 月至今）

这一阶段，中国对其背后技术的探索和应用也呈现出新的活跃态势。一方面，比特币的存在与发展在某种程度上催生了中国对数字货币研究的关注和实践。令人瞩目的是，中国人民银行在 2016 年初提及研究数字货币的意向，并在短短一年多的时间内完成了从研究团队的组建到数字货币在票据领域的具体应用。另一方面，国内对于区块链这一技术的兴趣与日俱增。2016 年 10 月，中国区块链技术和产业发展论坛应运而生，并发布了《中国区块链技术和应用发展白皮书（2016）》。在此背景下，多家头部金融和互联网公司，如万向金融、乐视金融、平安金融，也纷纷投身于区块链技术的探索中。这些在数字货币和区块链领域的新动向促进了比特币市场的繁荣，使其价格在 2015 年底开始出现上涨。

总的来说，这一时期，尽管比特币市场经历了一些波动，但其核心技术和深层次价值得到了充分彰显。

从以上国内外比特币发展的划分阶段来看，其相同之处在于：国内外比特币发展阶段均可划分为 4 个阶段。其不同之处体现在以下三点：第一，国内的比特币认知和接受度晚于国外；第二，尽管比特币在国内的起步较晚，但国内的比特币市场发展极为迅速，其比特币发展的爆发力高于国外；第三，国内比特币技术在应用和探索方面的起步要晚于欧美国家。

第二节　加密货币的货币属性和经济影响

一、加密货币的货币属性

（一）流通手段

加密货币，尤其是比特币，自其诞生之初，就被设计为一种数字货币，目的是成为一种去中心化的、不依赖任何中央机构的流通手段。当人们谈到以加密货币作为流通手段时，其背后的含义是它能够被广泛地用作交易媒介，使商品和服务得以交换。从历史角度看，货币的形态经过了多次演变，从贝壳、盐、金属到纸币，每一种货币形式都是为了满足流通的需要。而在现代社会，当人们谈及数字化和全球化时，数字货币或电子货币逐渐成为一种新的、可行的流通手段，加密货币的出现，就是这一演变过程的自然延续。

作为流通手段，加密货币的优势在于其独特的属性。首先，它去中心化的特点使得其不受任何中央权威机构的控制，从而可以自由地在全球范围内流通，不受传统货币政策的约束。其次，加密货币的交易是透明且不可篡改的，因为所有交易都被记录在公开的区块链上。加密货币的这种透明度和不可篡改性为其提供了一种更高的信任度，使得人们更愿意接受它作为交易的媒介。

（二）价值尺度

加密货币的兴起在某种程度上为价值尺度设定了新的标杆。价值尺度是货币的核心属性之一，它提供了一种标准，使得商品和服务的价值可以被测量、比较和表达。对于传统的货币而言，如美元或欧元，它们作为价值尺度的能力是基于政府和中央银行的支持；而对于加密货币而言，这一属性则是基于技术和去中心化网络的信任。在探讨加密货币作为价值尺度的特点时，首先要注意的是其独特的供应机制。以比特币为例，它的总供应量是有限的，上限为 2 100 万枚，这一固定的供应量与黄金相似，因而有时比特币被誉为"数字黄金"。这种有限的供应意味着比特币不容易被通货膨胀侵蚀，因而从长期的角度来看，它具有维持其购买力的潜力。

（三）世界货币

传统的世界货币，如美元，是由特定国家或地区的政府和中央银行发行和支持的，通常基于该国的经济实力、政治稳定性和金融市场深度。与此不同，加密货币是基于去中心化的技术和全球性的网络，这种去中心化和全球性为加密货币提供了成为世界货币的独特优势和机会。

一方面，加密货币具有跨境流动的特性，不受传统的地理和政治界限的限制，使得任何人，无论他们身在何处，都可以使用和持有加密货币。加密货币的这一特性为全球范围内的交易和金融活动提供了极大的便利，从而使其成为一种真正的世界货币。另一方面，加密货币的去中心化特性意味着它不受特定国家或地区的政策和经济波动的影响，这为加密货币提供了一种与传统货币不同的稳定性。虽然在短期内加密货币的价格可能会出现大幅波动，但从长远来看，它可能会成为一个避免地区性风险的工具。

（四）贮藏手段

传统货币，如黄金和某些稳定的法币，长期以来都被视为贮藏价值的手段，它们被当作一种保存财富的方式，以抵御经济不确定性和货币贬值等问题产生的影响。近年来，特别是随着比特币和其他加密货币的兴起，许多投资者开始将它视为一种新型的贮藏手段，其核心思想是，加密货币的数量是有限的，因而与传统的法币不同，它们不太可能受到通货膨胀的影响。

加密货币的去中心化性质使其不容易受到政府的干预或操纵。不同于中央银行可以随时增发法币，大多数加密货币，如比特币，有固定的供应量，有助于保持其稀缺性和价值。这种固定的供应和去中心化的特点使得加密货币在许多情况下都能保持其价值，甚至在某些经济危机和市场不确定性时期，其价值还可能会上涨。更值得注意的是，不同的加密货币可能具有不同的贮藏价值特性。例如，比特币由于其被广泛的认可和相对的稳定性，可能更适合作为贮藏手段，而其他一些较新或发展较短的加密货币可能不具备相同的特性。

（五）支付手段

加密货币作为支付手段正在迅速改变全球金融生态。自比特币诞生以来，其核心理念就是建立一个去中心化、不受任何中央机构控制、点对点的电子现金系统，这样的系统能够允许两个不需要彼此信任的个体直接进行交易，无须中间机构的介入。这种去中心化的交易特性为加密货币赋予了独特的支付能力，使其能够进行跨境交易，降低交易成本，并提高支付的安全性和透明度。①

---

① 漆彤，卓峻帆.加密货币的法律属性与监管框架：以比较研究为视角 [J].财经法学，
　　2019（4）：126-141.

加密货币支付有一系列的优势。首先，它提供了一种去中心化的支付方式，不依赖传统的银行或金融机构，这样的支付方式可以极大地降低交易成本。特别是在跨境交易中，传统的跨境支付可能需要数天才能完成，而加密货币支付几乎是实时的，且不受地域限制。其次，加密货币提供了更高的安全性。通过使用先进的密码学技术，加密货币可以确保交易的安全性、私密性和不可篡改性。此外，所有交易都记录在公开的区块链上，增加了交易的透明度，从而进一步增强了其安全性。

二、加密货币的经济影响

（一）加密货币对金融体系的影响

1. 加密货币成为支付和跨境转账的理想选择

加密货币对金融体系的影响正在不断加深，在支付和跨境转账方面的影响尤为明显。在传统的金融体系中，跨境转账往往需要数天时间完成，费用较高，且可能受到各种限制，而加密货币，特别是比特币，其核心理念就是建立一个去中心化、不依赖任何中央机构、点对点的电子现金系统，它的出现为全球支付和转账提供了全新的解决方案。[①]

首先，加密货币为支付和跨境转账提供了极大的便利性。由于其去中心化的特性，加密货币不需要通过中间银行或金融机构就可以直接进行交易。这意味着无论交易双方身处何地，只要有互联网连接，都可以轻松地进行交易，大大提高了全球交易的效率。这种便利性特别适用于传统金融系统难以服务的地区，如一些发展中国家或地理位置偏远的地区。其次，加密货币大大降低了跨境转账的成本。传统的跨境转账通常需要支付

---

① 米晋宏，王乙成.数字货币及其经济影响研究新进展 [J].经济学动态，2022（5）：127-142.

较高的手续费和汇率转换费，而加密货币交易的手续费通常很低，有时几乎可以忽略不计。这种低成本的特性使得加密货币成为大量小额跨境转账的理想选择，尤其是对那些需要频繁进行国际交易的个人和小企业来说。最后，加密货币提供了更快的交易速度。传统的跨境转账可能需要数天时间才能完成，尤其是在涉及多个银行和金融机构的情况下，而加密货币交易通常在几分钟内就可以确认，大大加快了资金的流动速度。这种快速的特性对于那些需要迅速获得资金或即时支付的商家和消费者来说具有巨大的吸引力。

2. 加密货币为无法访问传统金融服务的人创造了机会

加密货币对于现有的金融体系所带来的变革性影响，尤其在金融包容性方面，是不容忽视的。金融包容性是指为所有人提供适时、合适、可承受的金融服务，尤其是那些传统金融体系所忽略或无法服务的社会群体。在许多地方，尤其是发展中和欠发达地区，大量的人口由于各种原因，如收入、地理位置、文化和教育背景等，而无法获得基本的金融服务，如储蓄、贷款、保险和支付，这种情况限制了他们的经济潜力，减少了其提高生活水平的机会。而加密货币的出现为这种问题提供了新的解决方案，其去中心化、不依赖传统金融机构的特性使得任何有互联网连接的人都可以访问和使用加密货币，不受地理、经济或政治的限制。[1] 即使在传统银行系统无法触及的偏远地区，人们也可以通过加密货币进行储蓄、交易和投资。

第一，加密货币降低了进入金融市场的门槛。传统金融服务，如开设银行账户可能需要身份证明、信用记录和一定的起始存款。对于那些低收入或没有固定地址的人来说，这些要求可能难以满足，而加密货币只需

---

[1] 李萌清. 论加密数字货币对未来金融的巨大影响 [J]. 商场现代化, 2021（12）: 186-188.

要一个智能手机和互联网连接，即可创建一个钱包并开始交易，无须任何第三方的审查或许可。第二，加密货币提供了更高的金融隐私。许多无法获得传统金融服务的人可能由于文化、宗教或其他个人原因，对金融隐私特别敏感。加密货币为用户提供了一个在大多数情况下都可以保持匿名的交易平台，使得这些用户更愿意参与。第三，加密货币促进了全球交易。那些在传统金融体系中被排除在外的人现在可以轻松地进行跨境交易，如购买商品或服务，与国外的家人和朋友进行资金转账。这不仅增加了他们的经济机会，还缩小了全球的经济差距。

3. 加密货币推动金融行业的变革

加密货币作为技术创新的重要驱动力，激发了金融行业的创新活动。这种技术驱动的变革以其独特的优势，推动金融服务向更高效、透明和安全的方向发展，从而为金融市场和广大用户带来无可比拟的价值。

第一，加密货币的核心技术——区块链，为金融行业提供了一种全新的信任机制。在传统的金融交易中，人们往往依赖中介机构，如银行或清算所，来确保交易的完整性和安全性。但是，区块链技术提供了一个去中心化的、不可篡改的公共账本，所有参与者都可以从中验证每笔交易，这种去中心化的信任机制大大降低了欺诈风险和中介成本，从而提高了交易效率。第二，金融产品和服务的创新也得益于加密货币和相关技术。智能合约，作为区块链技术的一部分，允许自动执行预先设定的条件和协议，为金融市场创造了许多新的机会。例如，DeFi 是一个新兴领域，旨在创建开放、无许可的金融服务，如借贷、保险和交易，而无须传统的中介机构。这种创新使得金融服务更为民主化，使更多人能够获得更好、更便宜的金融产品或服务。第三，加密货币的技术创新提高了金融市场的透明度。所有的交易记录都被永久地存储在区块链上，任何人都可以查看，但不能更改。这种透明性使得市场参与者更容易获取信息，从而做出更明智的决策。

（二）加密货币对全球经济的影响

1. 加密货币的发展为经济提供新的增长点

加密货币的出现和发展为全球经济带来了一种新的动力，并为经济的进一步增长开辟了新的渠道。特别是在数字经济日益主导现代社会的背景下，加密货币正在迅速成为推动经济增长的新引擎之一。

首先，加密货币和其背后的技术，如区块链，激发了新的业务模式和新的经济活动。例如，DeFi 和数字资产交易所正在蓬勃发展，为全球投资者提供了新的投资和交易机会，不仅增加了市场的流动性，而且为全球经济创造了巨大的价值。其次，加密货币为企业和创业者提供了新的融资渠道。传统的融资方式往往需要复杂的中介流程，而数字货币或令牌的发行，使企业可以直接吸引全球投资者。这种创新融资模式，如首次代币发行（ICO）和安全代币发行（STO），为初创公司和项目提供了更为灵活和高效的融资手段，从而助推了创新活动和经济增长。最后，加密货币推动了全球经济的包容性。在一些发展中和低收入国家，大量人口由于各种原因而无法使用传统的金融服务，而加密货币提供了一个去中心化、低门槛的经济体系，使得这些人们可以参与到全球经济中，无须复杂的银行系统或高昂的费用。由此一来，更多的人可以参与到经济活动中，促进经济增长。

2. 加密货币的使用降低交易成本和时间

跨境贸易历来都是国际经济活动的重要组成部分，而加密货币的出现和普及，对全球跨境交易模式产生了深远的影响，为商家和消费者提供了更加高效、安全且经济的解决方案。

一方面，加密货币的去中心化特性意味着它不受任何单一国家或中央机构的控制，这使得跨境转账变得无比简便。在传统的跨境交易中，由于涉及不同的货币、银行和支付系统，交易通常需要数天才能完成，并伴随着高昂的手续费和汇率损失。而使用加密货币，尤其是那些为速度和效率而设计的数字货币，交易可以在几分钟内完成，大大加快了资金的流动速度。另一方面，加密货币为跨境贸易带来了更高的安全性。首先，区块链技术为每笔交易提供了一个公开、不可篡改的记录，大大降低了欺诈的可能性。此外，加密货币的加密特性也使得其对于黑客攻击和非法干预更为安全，为商家和消费者提供了额外的安全保障。其次，使用加密货币进行跨境贸易可以减少对传统金融中介的依赖，进一步降低交易成本。银行和其他金融机构通常收取汇款费、外汇费和其他服务费用，而加密货币交易通常只需要支付极低的网络费用，大大降低了跨境交易的总成本。

3. 加密货币市场为投资者提供了新的投资机会

加密货币在全球范围内的快速发展，不仅改变了金融行业的运作模式，也为投资者带来了前所未有的投资机会。与此同时，这个相对较新的市场也为投资者带来了一系列的投资风险。加密货币为投资者提供了一种全新的资产类别。不同于传统的股票、债券或大宗商品，加密货币基于区块链技术，代表了一种完全不同的价值储存和交换手段，其去中心化、跨境流通的特性使其在全球范围内受到追捧。投资者可以通过购买和持有加密货币来实现资产多元化，同时可能获得高于其他资产类别的回报。随着多种新的金融工具和平台的出现，加密货币投资已经不再局限于简单的买卖操作。例如，现在有加密货币的衍生品、基金，以及加密货币挖矿等多种投资方式，为投资者提供了更加丰富和多元化的投资选择。

4. 引发一些非法交易

加密货币在全球经济中的应用和普及，尽管为数字经济和金融创新带来了新的活力和机遇，但它的隐匿性和去中心化的特性也产生了一系列与非法交易和网络安全风险相关的问题。[1]

首先，加密货币的隐匿性为那些希望从事非法交易的个体和组织提供了便利。在传统的金融系统中，资金流动都会留下痕迹，而大多数国家和地区的金融机构都有严格的反洗钱和客户尽职调查法规。然而，加密货币的交易在某种程度上可以绕过这些传统的监管机制。这使得一些非法活动，如贩毒、走私、洗钱及其他非法交易，可以通过加密货币进行，从而在某种程度上规避法律的追踪。其次，加密货币的出现也给网络犯罪提供了新的手段和机会，如"勒索软件"攻击的增多，黑客入侵某个组织或个人的电脑，锁定其数据，然后要求受害者支付特定数量的比特币或其他加密货币作为赎金。加密货币的去中心化特性和相对的匿名性，使得跟踪和追查犯罪分子变得更加困难。最后，加密货币交易所因为存储着大量的数字资产而成为黑客攻击的目标。过去已经有多个知名的加密货币交易所遭受重大的安全漏洞攻击，导致用户资金被盗。尽管大多数加密货币交易所已经采取了先进的安全措施，但在日益狡猾的黑客攻击面前，仍然存在一定的风险。

第三节　中央银行数字货币（CBDC）的崛起

一、中央银行数字货币（CBDC）与其他货币的区别

中央银行发行的货币即法币，承担着记账单位、交易媒介以及价值储存手段三大核心职能。现阶段，中央银行货币主要分为两种：实体形式的现金和数字化的法定准备金，尤其是法定准备金，它不仅是数字化的，还为存放此类准备金的金融机构提供了利息回报。与此同时，金融机构的

---

[1] 高庆哲. 我国数字加密货币法律监管模式转变思考 [J]. 合作经济与科技，2023（2）：180-182.

客户数据并非私密的，这意味着在这种系统中，交易没有匿名性。随着技术的进步和用户需求的演变，创建一个既安全又高效且具有广泛包容性的支付体系变得至关重要。与此同时，新的数字支付形式，如稳定币，正逐渐对央行的传统职能提出挑战。为了适应这种变化，并维护其在金融体系中的核心地位，各大央行，包括欧洲中央银行、英格兰银行和中国人民银行，都开始对央行数字货币产生了广泛的关注。中央银行数字货币与其他货币的区别如下：

（一）CBDC 与法币其他形态的对比

CBDC 是法币的一个新形态，与现金和银行存款并列。所有的这些货币形态都是基于中央银行的发行和政府的信用背书，但它们之间存在着显著的差异。首先，CBDC 与现金的主要差异在于它们的表现形式。现金主要以纸币和硬币的形式存在，而 CBDC 是完全数字化的，这种数字化的特性使得 CBDC 在结算上具有更大的优势，能够实现更快速的交易结算。但这也意味着 CBDC 与使用纸币和硬币的匿名性不同，CBDC 的每笔交易都可以被追踪和记录。其次，与银行存款相比，CBDC 虽然与银行存款都是数字化形式，但背后的背书机制不同。银行存款是基于商业银行的背书，而 CBDC 直接受政府和中央银行的支持和背书。此外，虽然商业银行的存款系统基本上是实名的，但 CBDC 有可能提供更高级别的匿名性，当然这取决于各个中央银行的政策。

（二）CBDC 与电子支付的区别

CBDC 与微信、支付宝虽然都属于第三方支付工具，但在本质、来源、法律地位和安全性、支付便捷性等方面存在显著差异。从本质上来看，微信、支付宝等第三方支付是电子支付，而 CBDC 是使用商业银行里的存款直接进行支付；从来源的角度讲，CBDC 是直接由中央银行发行并进行结算的，代表国家信用，而微信和支付宝等第三方支付工具中的资金实际上是用户在商业银行中的存款，这些支付工具只是作为一个中介帮助用户进行交易，最终的资金结算还是在商业银行中进行；从法律地位和安全性的角度来讲，CBDC 作为法币，具有国家信用背书，其价值和安全性由国家保障，而第三方支付工具虽然在日常交易中非常便捷，但它们并不具备法币的地位，其安全性主要依赖支付平台的技术和管理；从支付便捷性的角度来看，CBDC 可以实现双离线支付，即在收款人和付款人都没有网络连接的情况下仍可以完成交易，而微信、支付宝这种第三方支付工具需要网络连接才能完成交易。

（三）CBDC 与虚拟货币的区别

CBDC 既不同于比特币等加密资产，也不同于 Libra 等稳定币。CBDC 属于法币，具有无限法偿性和稳定的币值。

（四）CBDC 与比特币的区别

比特币和 CBDC 都具有的优势是可以跳出传统的银行账户体系，实现更直接和高效的货币转移和交易，这种独立性提供了更高的交易自由度，减少了对传统金融中介的依赖。比特币和 CBDC 在监管方面的差异非常显著。比特币，作为一种分散化的加密货币，不归任何中央机构或政府管理，这为其提供了一种特殊的自主性，使其能在全球范围内自由交易，但其也因此面临了许多法律和监管挑战。与此相反，CBDC 是中央银行发行和管理的数字货币，作为主权货币，它完全受相关政府和监管机构的监管，这种集中的监管模式确保了 CBDC 的交易可以被完全追踪和审计。同时，这种可追踪性为政府提供了一个强有力的工具，政府可以利用先进的数据分析技术来监控交易行为，有效打击洗钱、逃税和其他非法交易活动。

二、中央银行数字货币（CBDC）应用场景

据路透社报道，央行原行长易纲在新加坡金融管理局组织的一场活

动上透露，截至 2023 年 6 月末，数字人民币交易额达 1.8 万亿元，流通的数字人民币已达 165 亿元；数字人民币交易总量达 9.5 亿笔，开通钱包 1.2 亿个。尽管如此，流通中的数字人民币仅占中国流通中现金的 0.16%。目前而言，数字人民币主要用于国内零售支付。[①]CBDC 正成为许多中央银行探索和考虑的前沿议题。随着数字技术的迅速发展和社会对电子支付工具的日益依赖，CBDC 的出现为传统的货币形态提供了一个更高效的替代方案。

首先，一种可能的应用是将 CBDC 设定为与现金和银行存款并行流通的电子形式法币。这将使 CBDC 成为在交易中的又一种选择，以确保在任何情况下，无论是电网故障还是在偏远地区都能保持其流动性和功能。例如，考虑到现实世界中的各种情境，离线功能的 CBDC 将有一个强大的优势，使其在没有网络的情况下仍能像现金那样进行交易。[②] 其次，随着现金使用的减少和数字支付的日益普及，CBDC 可能逐步被视为主要的价值储存手段，甚至有可能完全替代现金。在这种模式下，央行要确保 CBDC 的稳定性，可能限制其与其他类型存款的直接兑换，以维持经济内部的货币稳定。最后，CBDC 可能不仅是一个简单的支付工具或价值存储方式，还可能带有账户特性，从而在某种程度上替代商业银行的存款功能。这种情况下的中央银行将扮演一个更为核心的角色，直接管理经济中的货币供应，并对货币整体的流动性进行微调。若 CBDC 携带利息，这将为中央银行提供一个强大的货币政策工具，但也可能给用户隐私和利息管理带来新的挑战。

CBDC 也可能被设计成需要一定的交易费用，以使 CBDC 对支付服务提供商具有成本效益，可以是固定的金额、百分比或数量，并可以根据

---

① 移动支付网.易纲：数字人民币交易额达 1.8 万亿，10 个月增长近 1700%[EB/OL].（2023-08-01）[2023-09-05].https://www.mpaypass.com.cn/news/202308/01174506. html.

② 曹重阳.后疫情时代央行数字货币的发展与展望[J].黑龙江金融，2023（4）：60-64.

交易类型或交易量进行分级。例如，考虑到 CBDC 的交易成本，如果设计为固定金额、交易百分比或基于交易数量的滑动尺度，那么这种费用策略可能会对不同类型的交易者产生不同的影响。在这种设计下，商业对商业，或者说是企业间的电子商务（B2B）和互联网融资服务平台（P2B）交易由于涉及的金额较大，可能需要支付更高的费用，而 P2P 交易则可能得到相对较低的费用待遇。这样的设计思路背后的目的可能是鼓励小额、高频的个人之间的交易，同时从涉及大金额的企业交易中获取更多的费用收入。

三、中央银行数字货币（CBDC）的经济影响

（一）货币政策

CBDC 设计的特点、需求等将关系到 CBDC 对货币政策传导渠道的影响。

1. 对利率的影响

一方面，CBDC 的引入有可能加深政策利率对货币和信贷市场的影响。当 CBDC 计息并且没有对个人持有数量设置上限时，它可能会被视为一种具有竞争力的资产，这样的设计会对其他低风险流动性工具，如机构投资者所持有的工具，产生影响。如果 CBDC 能够直接替代传统的银行存款，那么可能会影响银行自主设定存款利率的能力。为了吸引和留住客户的存款，银行需要调整自己的存款利率，使之更具吸引力。另一方面，CBDC 对整体利率结构的影响会更为复杂。例如，为了吸引投资者，短期政府债券的收益率可能需要高于 CBDC 的利率，这样才能使投资者看到持有这些债券的价值。在这种情况下，短期的主权债券收益率曲线可能会呈现出高于 CBDC 利率的趋势。

2. 克服零利率下限

自 2008 年的金融危机爆发后，为了刺激经济增长并使总需求趋向于潜在产出，一些央行实施了负利率策略。然而，实施这一策略的主要障碍是零利率的有效下限（ELB）。这意味着，当存款利率跌至或低于零时，投资者和普通公众可能更倾向于提取资金并持有现金，因为持有现金相对来说没有成本，而且它提供了一个零的收益率，这比负利率要好。此现象主要是由于在传统金融系统中，持有大量现金的成本实际上并不高，使得实际的利率很难下降到一个负的平衡点。CBDC 的引入和普及可能会改变这一现象。假设 CBDC 完全取代了现金，央行就可以对 CBDC 设置持有成本，使得在负利率环境中持有 CBDC 相对于其他资产或持有现金仍具有吸引力。这将有助于克服零利率下限，并使负利率策略更加有效。

3. 直升机撒钱政策

直升机撒钱，即政府直接向人们的银行账户分发现金。CBDC 为政府提供了一个直接、高效的分发渠道，使其能够有选择地、在特定条件下，直接向公民的数字账户进行资金注入。与传统的金融转账相比，这样的支付方式更为迅速和精确，可以减少中间环节的摩擦和延误。利用 CBDC，政府可以对这些资金注入进行更为精细的管理和规定。例如，为了确保资金能够达到刺激消费的目的，政府可以设置使用这些资金的限制，如仅用于购买特定类型的商品或服务。这不仅有助于确保资金被用于实际消费，从而达到刺激经济消费的效果，还可以用来支持特定的政策目标，如鼓励绿色消费或支持某些受影响较大的行业。

4. 货币政策传导机制

在传统的货币体制中，纸币一旦进入流通，央行很难实时跟踪和监测其确切的位置和流动速度，这种不确定性给货币政策的传导和有效性带来了挑战，可能导致政策效果的偏离。而随着 CBDC 的引入，这一局面有望发生根本性的变化。一方面，CBDC 为央行提供了一个独特的平台，使其能够实时监测货币的流通和分布，从而使其更加精确地了解货币供应、流通速度和货币乘数。这种透明度不仅增强了央行对货币政策效果的了解，还提高了其货币政策制定的科学性和准确性。另一方面，CBDC 提供了一个直接的通道，使央行能够更有效地实施货币政策。央行可以通过调整 CBDC 的利率或发行量来影响整个经济体的资产利率和价格，从而确保货币政策有效传导到实体经济。这种机制使得央行在调控经济时有更多的灵活性和决策空间。

（二）金融稳定

1. 商业银行体系

首先，CBDC 的引入可能会为金融系统带来更高的稳定性。这主要是因为 CBDC 让各种市场参与者（个人、私营企业和非银行金融机构）有能力直接使用央行资金进行结算，而不是依赖传统的银行存款。这种直接结算的方式能够显著降低金融系统的流动性风险和信用风险，从而提高整个金融系统的稳健性。而减少对商业银行的依赖性也意味着，当商业银行遭受震荡时，其对整体社会造成的潜在影响将减少。[1] 其次，CBDC 作为一种无风险的存款手段，为公众提供了一个选择，消减了一种普遍存在的道德风险。这种风险来源于公众的一种普遍认知：在危机时，政府会介入保护商业银行的存款。因此，CBDC 的存在可以缓解政府的这种隐性担保压力。

---

[1] 李银爽，斯琴塔娜. 央行数字货币在绿色金融领域的实践探讨 [J]. 财富时代，2023（4）：125-127.

2. 反洗钱和反恐怖融资

一方面，CBDC 的引入有望增强政府打击非法支付和交易的能力，从而在一定程度上助力其解决反洗钱和恐怖主义融资问题。这是因为 CBDC 为每笔交易提供了数字化的记录，这种可追踪的特性在反洗钱和打击恐怖主义融资（AML/CFT）的措施中具有积极作用。然而，需要明确的是，由于 CBDC 交易的可追踪性，那些从事非法活动的个体或组织可能不会选择它作为主要的交易手段。另一方面，这种新的交易模式也意味着中央银行可能需要承担更多的管理职责，尤其是在"了解你的客户"这一领域，这部分职责传统上由商业银行承担，会为央行带来额外的管理成本和挑战。值得注意的是，不同的支付手段提供了不同程度的隐私保护功能。例如，央行存款和商业银行存款在某种程度上为用户提供了隐私性，因为这些交易记录只对特定的金融机构和相关代理机构透明；而相对地，现金交易为用户提供了更高的匿名性，因为它不涉及电子记录。

（三）支付体系

1. 提供新型支付方式

在当前现金使用大幅下降的环境下，央行面临着为公众提供一种更安全且高效的支付方式的挑战，而 CBDC 正是应对这一挑战的方案之一。在中国，新型支付工具，如支付宝和微信，已经普及并获得了广大用户的认可，使得电子支付变得更为便捷和高效。然而，一个国家是否需要 CBDC 并不仅仅基于其现金的使用率，还需考虑该国的具体经济和社会环境。尽管在一些国家，尤其是像中国这样的大型经济体中，现代支付解决方案已经非常高效并得到了广大用户的信赖，但并不意味着这些国家对 CBDC 没有需求。不过，相比之下，它们可能没有像那些银行体系不健全、零售支付基础设施薄弱的国家那样有迫切的需求。在某些国家，尽管电子支付手段得到了广泛应用，但现金的需求仍然较强；而在一些经济欠发达的国家，由于其金融基础设施尚未完全建立，CBDC 的引入可能会为其提供一个提高支付效率和金融普及率的机会。

2. 增强支付系统稳定性

首先，CBDC 为零售支付系统提供了额外的稳定性和韧性。在面临技术障碍或私营支付服务提供者遭遇故障时，CBDC 为公众和企业提供了另一种数字支付方式，这在系统向低现金或无现金社会迈进的情境中尤为关键。其次，引入 CBDC 可以分散支付系统的集中度，从而减少整体系统的流动性和信用风险。不过，这可能会与支付系统的网络效益和规模经济产生矛盾。最后，尽管数字化支付正在变得越来越普及，但保持现金的正常流通仍然是增强支付系统韧性的关键因素，尤其是在可能出现的电力或网络中断等紧急情况下。因此，央行需在推动 CBDC 与保持现金流通之间找到一个平衡点，以确保支付系统在各种情境下都能稳健运作。

3. 提高跨境支付效率

跨境支付在当前仍面临多个挑战，尤其是在效率、透明度和成本方面，与国内支付相比，它们往往更显迟缓、高费用且缺乏明确性。而 CBDC 为解决这些问题提供了一个独特的思路，通过采用 CBDC，跨境支付可以实现更高的处理效率和更低的交易成本。[①] 与此同时，点对点的支付方式将进一步简化交易流程，降低费用。随着技术的不断进步，跨境支付的便捷性和安全性都将得到进一步的提高，从而使整体支付体验更为流畅，且费用更为合理。

---

① 王立鹏. 多边央行数字货币桥对跨境支付的影响 [J]. 青海金融，2023（3）：36-43.

4. 无现金社会

随着央行数字货币的推广，人们正走向一个无现金社会的时代。中国已经在非现金支付方式上展现出强大的动力，如移动支付、银行卡和二维码支付等。第一，当 CBDC 得到广泛接受时，人们可以预期纸币逐渐被淘汰。这不仅能减少货币的印刷和防伪成本，还可以在某种程度上减少通过纸币传播的疾病。① 第二，完全的无现金社会并非没有挑战。对于某些特定人群，如老年人或生活在偏远地区的人们，现金仍然是他们的主要支付工具。这意味着在推进无现金社会的过程中，人们还需要确保这些人群的支付权益得到保障。第三，考虑到技术问题和网络中断的可能性，央行数字货币系统需要具备离线交易的能力，并为用户提供高级的安全保护，以确保用户资金的安全性。

第四节　稳定币：新一代的数字货币

一、稳定币的定义

稳定币，作为加密货币的一种，旨在维护其价值的稳定性，通常与特定的资产（如黄金）挂钩。稳定币的这种稳定性可以通过中央化或去中心化的方式来实现。

稳定币可以划分为以下几类：一是法币支持的稳定币。这种稳定币的背后由法定货币，如美元，作为担保。通常情况下，一个中央机构将持有等额的法定货币储备，以确保稳定币的稳定价值。二是商品支持的稳定币。这种类型的稳定币与实物商品挂钩，如黄金或白银，以保证其与这些

---

① DENG Z J, ZHONG S J.A kind of design of knapsack public key cryptosystem based on chaotic system[J]. UPB Scientific Bulletin, Series C: Electrical Engineering and Computer Science.2019, 81（2）: 165-176.

商品的价值同步。三是加密货币支持的稳定币。这种稳定币的价值与其他加密货币（如比特币或以太坊）挂钩，从而使其价值相对稳定。四是算法型稳定币。这些稳定币的供应通过算法进行调整，以响应市场需求变化并维持稳定的价值。

相较于传统加密货币的极度波动性，稳定币提供了更高的价值稳定性，这使它们成为一种受欢迎的交易媒介和价值储存方式，且其波动风险较低。[①] 更重要的是，稳定币为传统金融体系与加密经济建立了一道桥梁，简化了个人和企业利用加密货币进行日常交易的过程。

二、稳定币的起源与发展

2008 年，一个名为中本聪的神秘人物首次阐述了比特币的概念，并于 2009 年正式推出了这一项目。比特币的核心思想是解决在线交易中的信任难题。在传统的电子支付系统中，交易通常依赖于一个第三方可信机构来完成，这样的机制增加了交易的复杂性和成本。中本聪通过设计一个基于工作量证明的分布式记账系统，成功地为交易创建了时间戳，从而消除了双重支付风险。尽管比特币为互联网交易提供了一种去中心化的解决方案，但它的价值并未与任何实物资产或法币挂钩，导致其价格经常出现剧烈的波动。这种高度的不稳定性使得比特币难以作为稳定的价值衡量标准，而更多地被视为投机工具。

在加密货币市场日益成熟的背景下，数字稳定币应运而生，主要是为了缓解比特币等数字货币的巨大价格波动。2014 年，为了提供一种稳定而又便捷的交易结算手段，美国的 Tether 公司发行了泰达币（USDT），它与美元按 1 ∶ 1 的比例锚定，以确保其稳定性。[②] 截至 2021 年 3 月，

---

① 张蓓，张晓艳，张文婷 . 稳定币发展现状与潜在宏观政策挑战 [J]. 国际经济评论，2023（2）：66-84.

② DENG Z J，ZHONG S J. A digital image encryption algorithm based on chaotic mapping[J]. Journal of Alogrithms & Computational Technology，2019，13∶1-11.

泰达币流通市值已经超过 360 亿美元，市值位于加密货币第三，仅次于比特币和以太坊。泰达币市值增长的最重要原因是，它在大部分加密货币交易所得到上市发行，其通过提供一种替代的结算机制，绕过了传统交易中的银行电汇，进一步推动了比特币交易的活跃。由于市场对泰达币这类稳定币的需求，2018 年 TrustToken、Paxos 等都推出了类似的稳定币，并宣称在储备资产管理方面比泰达币更透明。这类稳定币的主要使用范围局限在加密资产交易中。此后，MakerDAO 项目引入 DAI——一种去中心化的稳定币，它并不直接以法币作为担保，而是采用其他加密货币作为其底层资产，并结合以太坊的智能合约进行管理。而 Basis 项目则采用了一个独特的角度，推出了一种通过算法自我调节供需平衡的稳定币，完全摒弃了抵押资产的做法。

在加密资产市场之外，国际大型银行也开始试验区块链技术。瑞银集团（UBS）便是其中的领军者，它与其他 13 家国际银行共同合作，创建了一个基于区块链技术的贸易结算平台。这一合作的成果是推出了公共事业结算币（USC），其目标是解决所谓的"账上现金问题"——传统的跨国交易中，现金结算可能需要几天时间，这使得资金使用效率大打折扣。

2019 年 6 月，社交巨头 Facebook 震动全球地发布了其数字货币 Libra 的白皮书，此举不仅引起了全球金融监管机构的广泛关注，而且引发了对稳定币的全球性讨论。与传统的稳定币不同，许多稳定币并不具备加密货币的核心特点：与任何识别实体没有财务上的索赔、责任或所有权关系。例如，那些基于抵押的稳定币需要由发行方对其背后的担保进行安全管理，并对持有人负有法律责任。Libra 等新型稳定币的目标是在国际汇款、现金交易和跨国支付等领域提供一种更加高效的解决方案，其前景可能会改变当前的金融市场格局。当像 Facebook 这样的技术巨头进入该领域时，其庞大的用户群体为稳定币提供了巨大的交易和使用平台，这会进一步推动稳定币的广泛应用和发展。

在 2021 年初，美国货币监理署（OCC）作出了具有里程碑式意义的决定，允许美国的国际银行和联邦储蓄协会利用公有区块链和稳定币进行结算。这个决策不仅为降低跨境交易成本开辟了新途径，也标志着稳定币在美国得到了官方的承认与支持。其中，OCC 所认可的稳定币，如 USDC，与美元保持 1 ∶ 1 的价值锚定，并且其背后的资金储备接受严格的监管，这使得 USDC 等同于电子版的美元。这种与实际美元挂钩的稳定币具有双重优势：一方面，它受到实际美元的担保，能在全球范围内流通；另一方面，这种稳定币进一步巩固了美元在跨境支付和交易中的主导地位，从而刺激了全球对美元的需求。通过支持以美元为基础的稳定币，美国官方旨在使其成为区块链结算的主导货币。这种策略旨在确保美元在未来的金融技术竞赛中保持领先，并进一步强化美元在全球金融体系中的主导地位。

三、稳定币的经济影响

（一）货币政策

稳定币在成为一种价值储存手段时，将对货币政策的传导产生影响。

1. 零利率下限政策

在负利率的经济环境中，稳定币由于不计息，理论上可以成为一个零利率的避风港，吸引投资者逃离负利率的资产。然而，这种优势并不是绝对的。一方面，尽管稳定币本身可能设定为零利率，但其背后的担保资产很可能仍然受到负利率的影响。为了补偿这种环境下的潜在损失，稳定币的发行机构可能会收取管理费或其他费用，而这些额外的费用很可能会削弱稳定币的吸引力，因为投资者最终可能会发现，持有稳定币的成本与持有负利率资产相差无几。① 另一方面，对于使用多种货币作为担保的稳

---

① 李真，刘颖格，戴祎程 . Libra 稳定币对我国货币政策的影响及应对策略 [J]. 西安交通大学学报（社会科学版），2020，40（3）：55-63.

定币，外汇风险是一个不可忽视的问题。货币之间的汇率波动可能会导致稳定币背后的担保价值变动，从而对稳定币的稳定性造成威胁。因此，尽管稳定币在负利率环境初始阶段具有吸引力，但实际上它也面临着一系列挑战和风险。投资者在考虑是否持有稳定币时，需要对这些因素进行全面的评估。

2. 货币政策银行传导机制

在金融生态中，稳定币的流行可能给银行业带来显著的影响，特别是在以银行为主导的中国金融体系中。稳定币的大规模使用作为价值储存手段或支付方式，为银行的运营模式和货币政策传导带来挑战。首先，当大量的资金流入稳定币以用于存储价值时，可能对银行的存款基础造成冲击，进而影响银行的资金来源和融资成本。在一个以银行为主导的金融体系中，如中国，银行资产负债表的稳健性是至关重要的，因为它们在货币政策传导中起到关键作用。其次，稳定币作为支付方式的兴起可能会威胁到银行的传统业务，如支付和结算等业务，导致银行的佣金收入减少。虽然这对银行整体融资条件的影响可能较小，但它确实会对银行的盈利模式产生影响。最后，在稳定币被广泛应用于融资渠道时，银行可能会面临更高的融资成本。因为银行需要与稳定币竞争，这可能会导致家庭和中小企业的借贷成本增加。

3. 货币市场

稳定币的普及可能会给央行流动性管理和货币政策执行带来挑战，这与稳定币的设计和背后的抵押策略息息相关。即便稳定币是基于高品质资产进行抵押的，如商业银行存款、货币市场基金份额或政府债券，仍存在流动性风险。若市场出现对稳定币的大规模赎回，抵押品可能会面临迅速出售的压力，从而引发市场流动性问题。这样的突发事件可能会加大稳定币发行机构以及相关的托管银行的流动性风险。在这种情况下，央行可能需要介入，对其提供流动性支持，以稳定金融系统。然而，这也可能导致货币市场利率受到影响，进一步影响央行对货币政策的实施和传导。

4. 货币政策操作

当稳定币不仅作为支付媒介，还被广泛用作价值的储存工具时，它对金融系统的影响会变得尤为深远。[1] 一方面，随着市场对传统纸币和央行准备金需求的减少，央行的资产负债表将缩小，其铸币税收益也将受到挤压。由于稳定币以高质量流动资产为背书，可能会刺激对这些所谓的"安全资产"的需求。这不仅可能对资产的定价和估值产生影响，还可能进一步改变货币市场的运作模式，从而对货币政策实施的空间产生影响。特别是当货币政策需要更多的可操作资产来实现其目标时，它的操作空间可能会受到制约。另一方面，如果大量的存款被转移到以稳定币形式为主的"安全资产"中，那么对于这些资产的总体需求将上升。这种增加的需求可能会进一步稳固人民币的国际地位，因为它反映了对以人民币计价的安全资产的信心。从更广泛的角度看，这也可能产生一系列的经济影响，包括对资本流动和投资的引导。

（二）金融稳定

一方面，稳定币本身的发行机制以及对现有金融体系的冲击都可能带来金融稳定的相关风险。但另一方面，对于一些特定情况，稳定币对于金融体系的稳定也会产生积极影响。

---

[1] 胡健，邓志娟. 一种基于知识发现的拓展型竞争情报系统 [J]. 计算机与现代化，2008（12）：58-62.

1. 流动性危机

稳定币的价值受多种金融风险因素影响，包括但不限于信贷风险、流动性风险、市场风险和外汇风险，这些风险因素可以直接影响其背后抵押品的价值。如果稳定币不能维持其预期的稳定价值，并且其价值与背后的资产同步变化，那么风险的承受者主要是稳定币的持有者。信任对于稳定币的稳定性至关重要。任何可能削弱信任的事件，如系统故障、安全漏洞、背后抵押资产的价值下降等，都可能导致持有者对稳定币价值的信心下降，从而引发挤兑。如果大量的用户视稳定币为价值储存工具，这种挤兑可能会变得尤为剧烈。但是，如果稳定币被设计为维持固定的价值（如通过与法定货币挂钩），那么挤兑时产生的价值波动损失将由发行机构承担。因此，稳定币的稳定性和其受到的信任很大程度上取决于发行机构对抵押品的管理能力以及吸收潜在损失的能力。为降低与稳定币相关的风险，金融体系应加强对其的监管，确保其设计和运营机制透明、健全且安全。这可以帮助建立和维护市场对稳定币的信任，并确保金融市场的稳定运作。

2. 传染效应

传染效应描述了一国货币危机可能引发其他国家同样的危机。在稳定币的某些应用场景中，尤其是在挤兑情况下，由于抵押品的大量赎回，金融体系可能面临此种风险的传播。特别是在新兴市场中，其制度和监管能力可能不如发达国家，导致稳定币所带来的潜在风险更加突出。如果这些市场中的稳定币遭遇运营问题或其他风险事件，这些风险可能快速传递到那些持有大量稳定币抵押品的发达国家，尤其是短期国债市场。由于稳定币的全球性质，其对一个国家或地区的冲击可能迅速蔓延到全球范围内，尤其是在相互联系紧密的金融市场中。为了避免此种风险的扩散，国际需要加强合作与协调，确保对稳定币的监管既有力度又有适应性，以确保金融稳定不受威胁。

3. 反洗钱监管

稳定币的普及可能会增强反洗钱监管的复杂性。在全球范围内，稳定币的发行主要集中在私营领域，其交易的隐私性使其容易被用作洗钱工具。由于其交易数据不完全透明且难以获取，政府监管机构在进行反洗钱和打击恐怖融资活动时将面临额外的挑战。为确保金融系统的安全和完整性，有必要加强稳定币交易的透明度和对其的监督，以及制定和实施适当的监管措施。

4. 防范 CBDC 可能引发的风险

随着各国积极探索和推进 CBDC，锚定某国法定货币的稳定币成为一种策略，以缓解 CBDC 可能导致的金融脱媒风险，并将这一风险局限在私营部门范围内。CBDC 的普及可能导致公众将其在商业银行的存款转为 CBDC 持有。而稳定币，特别是那些与法定货币一对一锚定的稳定币，由私营部门发行，并保证其 100% 的储备金在商业银行中，有助于其维持金融中介角色并保护商业银行的利益。因此，稳定币可以作为一种工具，可以确保商业银行继续发挥其货币创造功能，从而为整个金融系统带来稳定性。

5. 有利于小型国家的货币稳定

国家货币体系的稳定性基础是其国家信用。当一个国家的信用受到严重质疑时，其货币体系可能遭遇危机。在全球众多国家面临高债务的负担的背景下，部分小型国家的本国货币由于信用问题，难以发行自己的法定数字货币，因而无法享受由此带来的交易简便性。而锚定于某一大国或多国法定货币的稳定币为这些信用较弱的国家提供了一个稳定的数字货币解决方案，不仅为它们提供了数字交易的机会，而且有助于这些国家经济逐渐转型为无现金经济。

（三）支付体系

无论是中心化还是去中心化的发行方式，稳定币的核心目的都是创建一个更高效的支付机制。但不科学的管理可能会威胁到支付系统的稳定性，从而导致系统性风险。

1. 跨境支付体系

在稳定币的应用中，它有潜力重新塑造当前的全球零售支付结构。目前，跨境转账在国际支付领域中的效率并不高，主要原因在于它既缓慢又昂贵。稳定币为其提供了一个快速、方便、低成本的跨境转账解决方案，满足了用户对速度、方便性和费用的期望。例如，Libra 计划利用 Facebook 广泛的用户基础，为用户提供无缝的支付体验。① 但这也可能导致支付服务的不平等性，并增加全球支付系统对此类超国家支付平台的依赖性。

2. 智能合约

智能合约即一种以信息化方式验证、执行合同的计算机协议，能够自动验证和执行合同条款。这种协议通过预设的规则在满足特定条件时自动触发合同条款，从而降低人为执行合同所带来的不确定性、减少干预。与此同时，稳定币作为支付手段与智能合约完美结合，既有可编程性，也拥有数据的不可篡改和完全透明的特性。通过稳定币实施的智能合约可以加强信任机制，为商业交易提供更高的安全性，从而降低人为操作带来的风险。

---

① DENG Z J, ZHONG S J. A ranking method of webpage retrieval results based on Web comprehending[J]. Journal of Networks, 2011, 6（12）: 1690-1696.

3. 支付技术创新优势

稳定币的发行方一般是私营部门，得益于其丰富的支付场景经验，这些部门在支付技术的革新上展现出强烈的积极性和能动性。正是因为这种驱动力，稳定币不仅推动了私营部门在支付技术上的创新，更进一步提升了用户在支付过程中的整体体验。此外，私营部门与大型第三方支付公司的合作为稳定币提供了便捷的线上及线下支付通道，进而加速了稳定币在市场中的使用和推广。

4. 纸币支付与其他电子支付手段

鉴于现金的独特属性和老年人的支付偏好，现金在支付系统中的地位并未完全被稳定币取代。至少在中短期内，稳定币的主要竞争对手将是其他电子支付手段，而不是传统的现金。

第六章　区块链与数字身份

第一节　传统身份认证及其弊端

一、对传统身份认证的认识

身份认证是指证实主体的真实身份与其所声称的身份是否相符的过程。身份认证的进化过程可以被分为三个主要的阶段：①身份认证 1.0：在这个阶段，身份认证主要依赖于传统的身份证件，如身份证、驾驶证或护照。这种方法的核心是线下验证，通常要求个人出示身份证件以证明其身份。由于其基于物理证件，这种认证方法可能有伪造或盗窃的风险。②身份认证 2.0：随着数字时代的到来，公民网络电子身份标识（eID）和可信身份认证平台（CTID）认证等技术应运而生，它们都是基于中心化的数字认证技术。在这个阶段，身份验证转向线上，允许用户在网络上进行身份验证，而无须出示物理证件。尽管这种方法更加便利，但由于其中心化的特点，可能存在数据泄露或被恶意攻击的风险。③身份认证 3.0：这是一个基于区块链技术的身份验证阶段。利用区块链的分散和不可篡改的特点，这种方法可以在线上实现多方之间的身份验证。不同于中心化的身份认证，区块链数字身份能够提供一个更加安全、透明且不可篡改的身份验证方式，使其成为未来数字时代理想的身份认证解决方案。

其中，身份认证 1.0 代表的是传统身份认证，主要依赖于物理证件和某些可验证的信息，以确保身份验证的真实性。虽然传统的身份认证方法在很长一段时间内被视为可靠的，但它并不是完全可信赖的，因为物理证件可能会丢失、被盗或被复制。同时，由于大部分证件都是中心化发放的，如果核心数据库受到攻击或出现错误，可能会导致大规模的身份认证问题。

二、传统身份认证的主要方式

身份认证是确保个体身份真实性的一种手段。在传统背景下，多数身份认证的方法都是基于物理存在或某些只有身份持有者才知道的信息而确认的。传统身份认证主要包括以下几种方式：

（一）基于物理证件的认证

在日常生活中，人们经常需要证明自己是谁，从进入工作场所到进行银行交易，身份验证在许多场景中都是必需的。在这种背景下，物理证件作为最传统、最直接的身份验证手段，在社会交互中占据了核心地位。

1. 身份证

身份证是许多国家和地区用于标识其公民和居民身份的正式文档。它的设计目标是在一个国家或地区内验证持卡人的个人身份。大部分身份证都包括基本的个人信息：姓名、性别、出生日期、照片和一个唯一的身份编号，这些信息使得身份证成为多种公共和私人服务的关键。在某些国家，身份证上可能还包含其他信息，如地址、婚姻状况或血型。而随着技术的发展，一些身份证已经内置了芯片，存储着个人的电子信息，如指纹或眼部扫描数据，进一步增强了身份信息安全性。

2. 驾驶证

驾驶证不仅仅是一个持有人有权驾驶某种车辆的证明，它在很多地方也被当作身份证使用。与身份证类似，驾驶证上通常也有照片、姓名、出生日期等个人信息。此外，它还包括驾驶资格、到期日期和其他限制或条件。对于那些不常带身份证但经常驾车的人来说，驾驶证可能是他们常用来验证身份的物理证件。

3. 护照

护照是一个国家或地区发给其公民的旅行文件，主要用于国际旅行。它证明了持有人的身份和国籍，通常被视为一个国家主权的象征之一。尽管其主要功能是进行国际旅行，但在国内，护照也常常被用作身份验证，特别是在那些要求更高级别身份证明的场所。现代护照通常包含一块微电路芯片，储存持有人的基本信息和生物特征数据，如指纹和面部识别。

4. 员工／学生卡

在教育和工作场所，员工或学生卡起到了核心的身份验证作用，这些卡不仅提供了进入建筑物或某些区域的权限，还证明了持卡人与特定机构的关联。它们经常带有照片、姓名和唯一的员工或学生编号。在某些情况下，这些卡还可能包含与持卡人相关的其他信息，如部门、级别或专业。

（二）知识型认证

在数字化时代，人们日常的交互和操作越来越依赖各种系统和应用。为了确保数据的安全性和个人隐私，知识型认证作为身份验证的一种方式被广泛采用。这种认证方式的核心思想是：只有真正的用户才知道特定的信息，因而能够提供这些信息的人被视为真正的用户。

1. 密码

密码是知识型认证中较为古老和常用的形式。从早期的计算机系统到现代的社交媒体平台，密码都是用户身份验证的主要手段。

密码的有效性取决于其复杂性和难以预测性。一个好的密码应该是难以猜测的，包含大小写字母、数字和特殊字符的组合。为了增加其安全性，用户还应定期更改密码。然而，密码也有其缺点。如果密码太过简单或者是常用的组合（如"123456"或"password"），那么它很容易被攻击者破解。此外，用户往往因为记忆的便利性而在多个平台上使用相同的密码，一旦其中一个系统被破坏，其他所有账户都会面临被破坏的风险。

2. 安全问题

为了提高密码系统的安全性，许多平台引入安全问题作为第二重验证。这些问题通常涉及用户的个人生活，如"你的出生地是哪里"或"你的宠物名字是什么"。从理论上来说，这些信息只有用户自己知道，因而能提供正确答案的人被认为是合法用户。然而，安全问题也存在漏洞。在社交媒体时代，许多个人信息都可能被公开，恶意攻击者可能通过搜索或查找相关信息而得到答案。

3.PIN 码

PIN 码，即个人识别号码，是另一种知识型认证方式，通常与物理证件（如银行卡）结合使用。PIN 码通常由 4 到 6 位数字组成，用于验证银行交易、ATM 取款或其他安全操作。PIN 的优点是简洁且容易记忆，但同样存在风险。如果 PIN 太简单，如"1234"，那么它容易被破解。此外，PIN 码在输入时很容易被窥视，因此在公共场合输入 PIN 时应特别小心。

（三）基于物理物品的认证

物理物品作为身份认证的载体在过去几百年中已被广泛使用，并且随着技术的发展，这些物理认证方式也在不断演变。

1. 钥匙

自古以来，钥匙就是一种常见的身份和访问验证工具。无论是为了保护家庭、办公室，还是储藏室，传统的机械钥匙都扮演着核心角色。它的工作原理很简单：只有与锁匹配的钥匙才能打开它。这种简单的物理匹配为安全提供了第一道屏障。但随着技术的进步，电子钥匙和无线访问控制系统逐渐取代了传统的机械锁。这些系统使用无线技术、磁卡或数字代码来验证用户身份，并为他们提供对某个区域的访问权限。这不仅为用户提供了更高级别的安全性，而且为其提供了更多的控制和监视选项。

2. 银行卡

银行卡，特别是与 PIN 码结合使用的银行卡，是另一种常见的基于物理物品的认证方式。它的工作原理是：只有持卡人才能进行交易，前提是他们知道与卡关联的 PIN 码。这是一个两因素认证的例子：一个因素是持卡人必须拥有银行卡（物理物品），另一个因素是持卡人知道 PIN 码（知识）并能进行验证。这增加了系统的安全性，因为即使有人盗取了银行卡，没有 PIN 码他们也无法使用它。

3. 智能卡

智能卡是近年来迅速崛起的身份验证工具。与传统的磁条卡或 RFID 卡不同，智能卡内置微电路芯片，可以存储和处理数据。这意味着它可以存储更多的信息，包括加密的数字身份证、证书或其他关键信息。使用智能卡进行身份验证通常涉及将卡插入读卡器，还可能需要输入 PIN 码或密码进行第二重验证。智能卡在安全性、便利性和多功能性方面都具有优势。例如，它可以用于门禁控制、计算机登录、电子支付或其他高级应用。

（四）生物特征认证

生物特征认证是在身份验证领域中的一种前沿技术，它依赖于每个人都具有的独特的身体或行为特征来进行身份验证。与基于知识或物品的认证方法相比，生物特征具有固有的优势，因为它与个人密切相关，无法轻易被复制或转移。

1. 指纹扫描

指纹识别是生物特征认证中最为普及的方法。每个人的指纹都是独一无二的，由细微的纹路和嵌套的涡旋组成，这些纹路在每个人手上都是独特的，即使是双胞胎也不例外。现代的指纹识别技术能够迅速、准确地扫描指纹，并将其与存储的数据进行比对，从而验证个人身份。在多种应用中，从智能手机的锁屏到高级安全系统，指纹识别都已成为标配。

2. 视网膜和虹膜扫描

眼部的生物特征，特别是视网膜和虹膜，也为身份验证提供了独特的工具。视网膜是眼睛后部的细胞层，而虹膜则是眼睛的彩色部分。视网膜和虹膜都有其复杂的纹路和模式，这些纹路和模式是独一无二的，扫描技术能通过捕捉这些纹路，提供一种高度准确、难以伪造的认证方法。虽然这些技术的设备成本和复杂性都相对较高，但它们在高安全性场合，如银行、机场和研究设施中得到了广泛应用。

3. 面部识别

面部识别技术根据个人的面部特征进行身份验证。每个人的面部结构，如眼、鼻、嘴和脸颊的位置和比例，都是独特的。近年来，随着深度学习和计算机视觉技术的进步，面部识别技术已经取得了巨大的进展，可以在几毫秒内识别出数百个面部特征。如今，许多现代设备，如智能手机和安全摄像头,都配备了面部识别功能,为用户提供了快速、准确的身份验证体验。

(五)基于行为的认证

行为认证涉及识别和评估个体的独特行为模式,这些模式反映了每个人的习惯、习性和其他特质,作为一种身份验证手段,它在实际应用中显示出越来越大的潜力。

1. 签名

人们的签名具有显著的独特性,即使是简单的笔迹,也反映了书写者的习惯、书写速度、力度和风格。因此,签名被广泛用作法律文件、合同和金融交易的验证手段。然而,签名可以被伪造,所以在很多情境中,签名常常与其他验证方式结合,以增加其安全性。

2. 键盘动态

键盘动态是一种较为现代的行为认证方法。它基于一个观念:每个人在键盘上打字时都有自己独特的节奏和风格,这种风格是难以模仿的。通过分析打字速度、按键间的延迟、按键持续时间等因素,系统可以生成个体的"打字指纹"。

三、传统身份认证的弊端

(一)存在暴力破解的风险

传统身份认证,尤其是那些依赖用户密码的系统,长久以来一直是安全专家所关注的焦点。其中,存在暴力破解风险是该认证方式最主要的脆弱点。暴力破解是一种攻击手法,攻击者试图通过尝试所有可能的密码组合来破解正确的密码。对于那些简单、较短或常见的密码,这种方法可能非常有效。例如，密码是"123456"或用户的生日，暴力破解可以在极短的时间内取得成功。随着计算机处理能力的提高，能够在短时间内尝试数百万或数十亿个密码组合的工具和程序变得越来越普及。

一方面，大部分用户的密码选择习惯正是暴力破解的助力。为了便于记忆，人们往往选择简单易记的密码，或者在多个不同的服务上使用相同的密码，这种习惯使得攻击者的工作变得相对容易。即使有些系统设置了尝试密码的次数限制，但技术娴熟的攻击者仍然有办法绕过这些限制。另一方面，计算技术的进步加剧了暴力破解的威胁。现代硬件，特别是那些具有高度并行处理能力的图形处理器（GPU），已经使暴力破解攻击的速度得到极大提升。这些硬件可以在很短的时间内尝试大量的密码组合，使得传统的、基于密码的身份认证系统面临更大的风险。不仅有暴力破解，还有其他相关的攻击方式，如字典攻击或彩虹表攻击，这些都是预先计算的方法，可以迅速检测大量的密码组合，大大提高了破解正确密码的速度。

（二）容易造假，安全性不强

传统身份认证易被伪造，可能涉及盗用证件、伪造签名等行为，凸显了其在安全性方面的不足。身份认证，无论是线上还是线下，都是为了确保某一操作、交易或访问的合法性。在社会中，许多重要的交易、决策和活动都是基于人们所认为的"身份"真实性。传统的身份认证方式，如使用身份证、驾驶证或通过签名来确认身份，多年来一直是被广泛接受的认证方式。但随着技术的进步和犯罪手段的多样化，这些传统方法的缺陷逐渐显现。

首先，传统的身份证件容易被盗用。每天都有大量的包裹、钱包被盗事件发生，其中很可能包含了重要的身份证件。一旦这些证件落入不法分子手中，他们可以轻易地冒充证件的真实持有者进行非法活动。不仅如此，随着现代技术的发展，伪造证件变得越来越简单。高质量的扫描仪、打印机和图像编辑软件使得复制和伪造身份证件变得相对容易。其次，签名作为另一种常见的传统身份验证方式，同样存在安全性问题。虽然每个人的签名都是独特的，但伪造签名的技术和手段也在不断进步。有些犯罪分子经过专业训练，可以精确地模仿他人的签名。同时，签名的验证过程通常是人为的，而人的判断可能受多种因素影响，从而导致误判。对于那些不常见或不经常检查签名的机构或个人来说，伪造签名的风险尤为明显。当然，不能忽略数字时代所带来的威胁。随着电子签名和数字身份认证的兴起，犯罪分子也转向了线上活动，盗取个人信息、黑客攻击和电子邮件诈骗等数字犯罪行为都与传统身份认证的不足有关。

考虑到上述问题，人们必须认识到，仅仅依赖传统的身份认证方式，无法得到足够的安全保障。在信息时代，人们的身份信息不仅在现实中面临风险，在数字世界中也受到威胁。为了更好地保护自己，个人和组织都需要采取更先进、更安全的身份验证方法。

（三）不易保障隐私和数据安全

传统身份认证的方式很难充分保障用户的隐私和数据安全，特别是在当前这个数字化迅速发展的时代。传统的身份认证方法，如使用身份证件、密码或其他形式的知识型验证，通常要求用户提供大量的个人信息，当这些信息被收集、存储或传输时，有可能被不当地访问、泄露或滥用。考虑到现在各种业务和服务流程的复杂性，这种数据处理方式产生的风险是巨大的。为了实施身份验证，许多组织收集了大量用户数据，这些数据通常保存在中央数据库中，而这些数据库往往是攻击者的主要目标。一旦这些数据库遭到安全入侵，数以百万计的用户信息可能会被盗取。近年来，大规模的数据泄露事件频发，影响到数百万甚至数十亿的用户。除了外部的威胁，内部风险同样不可忽视。组织内部的员工，尤其是那些有权访问敏感信息的员工，有时可能会因为无意、疏忽或恶意行为导致数据泄露，如内部员工可能会不当地共享信息、失误地发送数据或故意出售信息给第三方。

传统的身份验证方式还容易引发隐私问题。例如，当某个服务或机构要求用户提供超出其业务范围的个人信息时，用户的隐私权就可能受到侵犯。在没有适当的隐私政策和透明度的情况下，用户很难知道他们的信息被如何使用，以及是否得到了足够的保护。除此之外，传统身份认证方式在跨境或跨组织的情境中也存在问题。随着全球化的推进，个人信息经常需要在不同的国家和地区之间传输，可能会涉及不同的数据保护和隐私法规，使得数据管理和保护变得更加复杂。

（四）操作烦琐，用户体验低下

传统身份认证存在操作烦琐、用户体验低下的弊端。在现代社会，人们日益追求效率和便利，而传统的身份认证方法往往不能满足这些需求。其具体表现在以下几个方面：

一是多步骤认证流程。传统的身份认证，如密码验证、安全问题答案验证或使用身份证件进行线下验证，通常涉及多个步骤。例如，要重置密码，用户可能需要先点击"忘记密码"，然后回答安全问题，接着通过电子邮件验证，然后才能设置新密码。这一系列的步骤不仅耗时，还使用户的操作体验不佳。

二是不便携与频繁的信息更新。身份证、银行卡或其他实体认证物件需要用户随身携带，这就导致物品容易丢失或遗忘。同时，每当有信息变更时（如更换住址、电话号码等），用户需要手动更新这些信息，非常不便。

三是存在记忆负担。多数在线服务和应用要求用户设置密码，使得人们必须记住大量的密码。尽管有密码管理工具，但许多用户仍选择使用相同或简单的密码，从而增加了密码安全风险。而且，常见的安全问题，如"你的母校是？"或"你的第一辆车是？"有时也难以记忆，尤其是那些经常变动答案的问题。

四是失误和锁定。密码输入错误、忘记答案或输错身份证信息都可能导致用户账户被锁定，不仅阻止用户访问其账户，还可能需要他们经过烦琐的过程来解锁或重置信息，如通过电话客服、等待电子邮件回复或实地访问服务中心。

五是对特定用户群体不友好。对于某些人群，如老年人、视障者或技术不熟练的用户，传统的身份认证方法可能尤为困难。复杂的密码要求、模糊的安全问题或不明确的界面设计都可能导致这些用户难以使用此类认证方法。

六是延迟和等待时间。某些身份验证流程可能需要用户等待，如当银行或其他机构在进行身份验证时，用户可能需要等待电话或邮件回复，这种延迟不仅令人不悦，还可能导致用户放弃某个服务或交易。

七是过度依赖纸质文件和人工操作。许多传统身份验证方法，如签字或提供身份证件的复印件，依赖纸质文件和人工操作，不仅增加了出错的可能性，还使整个流程效率低下。

第二节　数字身份：新的自我表述方式

一、数字化时代下数字身份的概念

在数字化时代，虚拟世界与实体世界之间的边界变得越来越模糊，为人们的社交、生产、经济和社会治理方面开辟了全新的领域。这个数字化领域与人们的实体世界平行，既丰富又深入，甚至可以说，与现实的差异已经不再那么明显。这个融合的世界允许人们在两者之间自由穿梭，就像在一个城市的不同地方之间游走一样，人们的身份信息也在现实与虚拟之间传递，为人们创造了前所未有的生活和思维空间。在这个空间中，数字化不仅仅是技术或工具，已经变成了人们的新生活和工作环境。尽管数字化看起来似乎强调的是技术和虚拟世界之间的关系，但它的核心其实是关于人与人之间的联系。不论是在线或离线，在数字世界还是在现实世界，人类的本质需求始终是与他人建立和保持联系。而在数字化的背景下，数字身份的概念显得尤为重要，它不仅仅是一串数字或一段代码，更代表着个体在这个虚拟世界中的存在。每个人的数字身份是独特的，正如人们在现实生活中的身份一样，它标志着人们的行为、选择、交互和存在，不仅确保了人们在虚拟世界中的安全和隐私，还为人们与他人建立真实、有意义的联系提供了可能。

从信息的视角来看，数字身份可以被视为在一个网络空间中关于特定主体的信息集合，这些信息不仅限于个人基本资料，还可能涵盖个体的网络行为、交互记录和其他相关数据，是一个全面的、关于主体的数字描述。从身份的角度来看，数字身份为个体、组织或设备在网络环境中的表现，这种身份在许多方面反映了在现实世界中的身份，但又有其独特的功能和特性。例如，个体在不同的社交网络平台上可能有不同的用户名或头像，但其背后的实体仍然是同一个。从技术角度来看，数字身份更偏向于其创建、验证和管理的技术手段，数字签名技术和数字证书是其中的核心，它们确保了数据的完整性、安全性和身份的真实性，使得人们在进行在线交互时，可以相对安全、准确地确认对方的身份。

数字身份并非单纯地指某人的姓名或生日，它更深入、更广泛，其中可能包含个人的生物特征，如指纹或虹膜信息，也可能涉及个人的证件资料，如身份证或护照号码。除此之外，数字身份还包括个人在数字空间中的互动和行为轨迹，如人们的网络购物历史、社交媒体互动和浏览习惯。数字身份通过公钥证书、加密、数字签名等技术，不仅确保了人们在网络空间的行为是安全的、未被篡改的，还为人们提供了一种证明自己身份的方式。这在很大程度上降低了欺诈、冒充和其他恶意行为的风险，从而增强了人们在数字空间中的信任度。当然，广义的数字身份包含个人、组织和物体，但本节所研究的数字身份专指个人的数字身份。

二、建立数字身份的必要性

（一）网络安全形势日益严峻，数字身份成为维护国家网络安全的重要基础

随着互联网技术的迅速发展和全球网络互联互通的日益加强，网络已经成为现代社会生活、工作和交往的重要领域。但与此同时，网络安全形势也呈现出日益严峻的态势，针对国家、组织、公司和个人的网络攻击事件频繁发生，数据泄露、恶意软件和网络欺诈等问题层出不穷，给国家的网络安全带来了巨大挑战。在这种背景下，数字身份成为维护国家网络安全的重要基础。

其一，数字身份提供了对网络活动主体的明确识别功能。在一个混杂的网络环境中，能够准确地知道谁是谁、谁在做什么，是维护网络安全的基本前提。一个有效的数字身份系统能够确保网络中的每一个参与者都有一个与其真实身份相对应的网络身份。这样，一旦发生安全事件，相关部门可以迅速找到责任主体，将大大加快应对和处理速度。其二，数字身份为用户提供了一种可靠的身份验证机制。传统的账号密码认证方式在很多场景中已显得力不从心，容易被盗用或破解。而一个健全的数字身份系统，结合多因素认证技术，如生物特征、物理设备和知识验证，能够大大提高身份验证的准确性和安全性。其三，数字身份还有助于提高网络事务的信任度。无论是政府、企业还是个人，都希望其在网络中的交易和沟通是基于信任的，通过数字身份，各方可以确保自己与真实的、被授权的个体进行交互，大大降低了被欺诈或误导的风险。

对于国家而言，数字身份更是一个关乎国家安全和主权的问题。随着数字化时代的到来，很多国家事务，包括公共服务、经济交易、社会管理等，都逐渐转移到了网络上。如果这些在线活动的安全性得不到保障，那么国家的核心利益、经济安全，甚至国家安全都可能面临威胁。因此，

建立并维护一个强大、可靠的数字身份体系，对于维护国家的网络安全具有至关重要的意义。从更为宏观的层面来看，数字身份不仅是技术问题，更是一个涉及法律、经济、社会和文化等多个维度的复杂问题。如何在保障网络安全的同时，又能够尊重和保护个人隐私，确保公平、公正的网络交互，是建立数字身份体系时需要考虑的重要因素。

（二）数字经济成为发展的重要推动力，数字身份成为数字经济健康快速发展的重要支撑

在信息技术和数字化创新的驱动下，数字经济正成为全球经济发展的重要推动力。从金融科技、电商、智能制造，到物联网、云计算和人工智能，数字化正在深度地重塑经济结构，带动传统产业升级，并催生了大量新的商业模式。而在这个进程中，数字身份无疑是其中一个最为核心的支撑元素，对数字经济的健康和快速发展起到至关重要的作用。

第一，数字身份强化了用户和商业实体的信任关系。数字经济的发展高度依赖网络和平台，交易双方往往面临"信息不对称"的问题。数字身份为用户和商家提供了一个可靠的、验证过的身份标识，确保了交易的真实性和信任度。无论是个人购物、线上金融交易，还是企业间的商务往来，凭借数字身份，所有参与者都可以更加放心地参与网络经济活动。第二，数字身份促进了个性化和精准化的商业服务。在数字经济下，企业越来越追求个性化的产品和服务，而实现这一目标的关键是准确地识别和了解用户。数字身份不仅为企业提供了用户的基本信息，还可以通过与其他数据结合，帮助企业更深入地了解用户的需求、喜好和行为模式，从而使企业为用户提供更为精准和高效的服务。第三，数字身份支持跨境交易和全球化的发展。随着数字经济的崛起，企业和个人的交易和合作越来越不受地域限制。在这种情境下，一个统一、可靠的数字身份系统为跨境交易提供了坚实的基础，确保了交易的安全和可信，降低了交易风险。

（三）数字化、智能化纵深发展，数字身份成为社会治理创新的有效手段

随着社会的数字化进程，传统的身份验证方法逐渐显得力不从心，而数字身份为人们提供了一种快速、精确、可靠的认证机制，不论是政府部门还是私营企业，都能够利用数字身份高效地进行身份验证，从而提高服务的准确性和可靠性。数字身份还为公众提供了更为便捷的服务获取方式，缩短了服务处理时间，提高了公众对治理机构的信任度。

一方面，数字身份推动公共服务的现代化和便捷化。在过去，个体需要为不同的公共服务提供多种身份证明，如驾照、身份证或社保卡等，这样的流程不仅耗时，而且在某些情况下可能导致信息的不一致和错误等问题。数字身份提供了一个统一的身份验证平台，将多种公共服务整合在一个系统中。这意味着，公众无须重复提供信息，可以通过一个数字身份快速访问多种服务。例如，健康、税务、教育和社会福利这些服务领域在数字化进程中受益匪浅，公众可以轻松地查看自己的健康记录、申报税务、查看子女的学校成绩或申请社会福利。更为重要的是，数字身份的实现消除了地域和时间的限制，使得公众可以在任何时间、任何地点访问这些服务，显著提高了公共服务的可用性和满意度。

另一方面，数字身份为社会治理带来透明度和可追溯性。在数字社会中，每一个在线行为和交易都留下了数字足迹。通过数字身份，这些足迹可以被准确地归属于特定的个体或组织，这一点在打击欺诈和非法行为时尤为重要。例如，通过数字身份，政府可以追踪非法资金的流向、打击网络诈骗活动或追溯非法商品的来源；对于企业来说，数字身份为其提供了一种确保交易安全和真实性的手段；对于公众而言，知道自己的信息被正确和安全地使用，大大增强了公众对数字服务的信任感。同时，数字身份还提供了一种机制，使得个体可以对自己的信息有更多的控制权，可以决定哪些信息被共享，哪些信息应该被保密。

三、数字身份的多重二元特征

（一）现实性与虚拟性

数字身份的"现实性"是基于现实世界中的实体信息，如生物特征、证件号码和真实姓名等，这部分信息通常是在数字身份创建之初由个体提供的，来源于真实世界，且具有不可篡改和唯一性的特点。这些数据保证了数字身份的真实性和可靠性，确保网络空间与现实空间之间的联系和一致性。数字身份的"虚拟性"是指在数字环境中形成的身份特征，包括用户的在线行为、偏好、互动和网络关系等，这部分信息可能会随时间、环境和互动而变化，代表了个体在虚拟空间的存在和表现。与现实世界的固定身份特征不同，虚拟身份更为动态、灵活和多样。这种现实性与虚拟性之间的张力凸显了数字身份的复杂性。一方面，数字身份需要具备足够的真实性来确保其在网络空间的权威性和可信度；另一方面，数字身份也需要保持足够的灵活性和适应性，以反映个体在数字世界中的真实情况和需求。

（二）个人属性与社会属性

数字身份是一个复杂的概念，融合了个体的个人属性和社会属性，反映了个人与社会之间微妙的互动关系。从个人属性的角度来看，数字身份主要捕捉了每个人的独特性质和特征，包括但不限于姓名、年龄、性别和出生日期等基本信息。这些数据为个人在数字世界中提供了一个独特的标识，有助于确保个人在线交互的安全性和个性化。从社会属性角度来看，数字身份反映了一个人的身份、历史和经验，为在线社区和服务提供了宝贵的背景信息。仅凭个人属性是不够的，数字身份还深深地嵌入在更广泛的社会结构中，它不仅代表了一个人，还代表了个人在各种社会集团中的角色，如工作场所、学术机构或社交网络。例如，一个人的数字身份可能会包含其职业、学历或所属组织，这些都反映了他们在社会中的地位和角色。

（三）身份属性与财产属性

数字身份不仅具有身份属性，还具有财产属性。从身份属性来看，数字身份为个人提供了在网络空间中的唯一标识，这一点对于个人进行各种线上活动，如社交、购物或者学习，都是至关重要的。通过验证人们的数字身份，各种在线服务和平台可以确保个体信息的真实性，以及个人是否有权进行某项活动。现如今，数字身份的意义已远超身份确认。随着数字经济的兴起，人们在数字空间中拥有的财产和权益也越来越多，包括虚拟货币、数字艺术品、在线游戏中的虚拟物品等，这些数字资产都与人们的数字身份紧密相连。换句话说，人们的数字身份已经成为其在数字空间中资产的钥匙，体现了数字身份的财产属性。

（四）去中心化与中心化

数字身份既具有去中心化的特点，又具有中心化的特点。数字身份的去中心化特点源于数字化背景下的分布式网络结构，在这种结构中，数据不再完全依赖于单一的中心服务器进行存储和管理，而是分散在网络的各个节点中。这意味着个体可以在不受中心机构约束的情况下，创建、管理和控制自己的数字身份，这为个人提供了更高的自由度和隐私权，因为他们不必再与第三方共享其敏感信息，可以自由地决定如何展示自己的网络身份。尽管数字身份在某种程度上摆脱了中心机构的束缚，但在实际应用中，仍然与中心化的实体和机构有着密切的联系。例如，当个人希望在数字世界中进行金融交易、接受医疗服务或参与教育活动时，他们的数字身份常常需要在这些中心化机构中进行验证并与其关联。这样做的目的是确保个体的真实身份与其数字身份一致，从而保证交易的合法性和安全性。

这种去中心化与中心化的交织，使数字身份在现代社会变得尤为复杂，不仅代表了个体在网络空间中的存在和权利，而且与现实世界中的各种机构和系统产生了紧密的联系。因此，理解并妥善处理数字身份的这种双重性，对于确保其在数字化时代中的正确和有效使用至关重要。

（五）独立性与关联性

在数字化时代，数字身份呈现出一种独特的特性，既具有独立性，能够作为个体的唯一标识在数字空间中独立运作，又具有深厚的关联性，能够与其他数字身份及实体产生互动和影响。这种特性揭示了数字身份在现代社会中的复杂性和多面性。

数字身份的独立性表现在它能为个体提供一个在数字世界中独立存在的标识。这意味着，每个人都可以根据自己的意愿和需求，在网络上创建一个或多个数字身份，无论是为了隐私保护选择匿名互动，还是为了社交或业务需求而选择公开身份，这种独立性都赋予了个体更多的自由和选择权，让他们可以更加灵活地参与数字化活动。虽然数字身份具有这种独立性，但它并不是孤立存在的，它的存在和行为往往与其他数字身份或实体产生关联。例如，当一个人在社交媒体上发布内容，这些内容可能会被其他用户评论、转发或点赞，从而形成一种数字之间的互动。同样，一个人在线上购物或使用服务时，其数字身份可能需要与商家或服务提供者的系统产生交互，以完成交易或服务。因此，数字身份具有独立性和关联性双重特性。

四、个体数字身份的建构类型

身份是个人在社会生活中的基本信息和定位，是个体或集体特有的标识，它明确了个体的权利和义务，对社会稳定发展具有促进作用。在现实社会中，社会赋予个体身份受到主、客观因素的限制，这种身份表现出固定性、稳妥性、单一性的特点。但是在数字社会，个体能够突破现实生活的束缚，勇敢地表达自己的真实想法和情感，使得个体身份具有更大的灵活性和自由性。个体数字身份的建构类型主要包括以下两种：

（一）复刻：数字身份是现实身份的再现

在数字化时代之前，个体的身份和形象主要局限于社交圈内进行展现，这种展现基于紧密的社交联系，如家庭、朋友和工作场所。这些身份展现大多是基于长时间的互动和深度的关系，使得人们的身份认知受到了较小、固定的人群影响。随着数字化时代的到来，互联网连接了全球的人群，使得个体有机会与更广泛、多样的群体进行交互，这种新的交互模式从原来基于强关系的社交模式转变为基于弱关系的模式。在这样的背景下，人们有更多的机会展现自己，与更多不同背景、文化和价值观的人交往。这种基于弱关系的社交分享，让人们的数字身份更像是现实身份的一种扩展或映射，而不是一个完全独立或不同的身份。也就是说，尽管人们在互联网上可能会展现出不同的一面，但这些展现仍然是基于人们在现实生活中的身份和经验。简而言之，数字身份与现实身份是相辅相成的，二者在很大程度上是一致的，反映了个体在不同社交环境中的自我认知和展现。

（二）重塑：数字身份是个体精心准备的表演

1. 现实身份经过美化形成数字身份

社会大众和自我之间依靠互联网，为自我形象塑造披上了数字化的外衣。从某种程度上来说，人们在社交环境中的互动就像是一场表演，每个人都根据自己的剧本来塑造和呈现自己，在这个数字化舞台上，人们有更多的机会和资源来策划、定制和展示自己想要展现的身份。在这个过程中，个体往往会对自己的"表演"进行持续的优化和修饰，力求让自己在网络空间的身份更加完美、更有吸引力。这种身份不仅是真实生活中的自我延伸，更多的是个体内心深处的渴望和憧憬的体现。人们选择展现的往往是那些与人们内心期望最为吻合的角色，这种展现是一种自我与期望之间的"心理映射"。而这整个过程，可以被视为一种自我塑造和审视的双重展现。在数字舞台上，人既是主角，也是观众，试图将原先不完美的"现实我"包装成一个完全不同的"想象我"。

2. 现实身份经过丑化形成数字身份

在数字时代的浪潮下，个体身份的塑造已经不再仅仅是为了自我表达和寻找归属感，有些甚至沦为追求商业收益的工具。以往，人们展现自己主要是为了实现内心的自我认同，而如今，由于"注意力经济"的兴起，许多人更注重如何吸引观众的眼球，进而实现自身经济效益的最大化。这种转变使得数字身份的建构不再以个体的真实情感和认知为出发点，而是以满足大众审美和兴趣为导向。为了吸引和维持这种瞬息万变的"注意力"，一些个体选择打破传统的道德框架，放大并突出那些可能被视为"低俗"或"丑陋"的内容，因为这些往往更能在短时间内引发强烈的反响。在这种环境下，"有意思"的内容常常胜过"有意义"的内容，个体为了满足大众的娱乐需求而不断推陈出新，以"颠覆性"的表达和行为赢得关注，最终可能成为数字空间的"乌合之众"。这种泛娱乐化的趋势使得很多深入的、有价值的内容被边缘化，使表面的、短暂的娱乐内容成为主流。由此可以看出，在当前的数字社会中，身份的塑造已经从一个纯粹的自我表达工具转变为一种追求经济利益的手段，这种转变不仅影响了个体的价值取向，也对整个社会文化环境产生了深远的影响。

第三节　区块链在数字身份中的应用

一、区块链技术赋能数字身份

区块链技术作为一种分布式账本技术，是分布式账本的代表，具备如分布式存储、端到端加密、安全性高及共识机制等的独特技术特征，为人们展现了数字身份的新境界：分布式数字身份。这一身份形态意味着，用户不再是数据的被动接受者，而是能够真正控制自己的数字身份，保障其数据所有权的所有者，从源头上为隐私问题提供了解决方案。这种基于区块链的分布式数字身份不仅为数据隐私提供了保障，还通过身份层的协议定义，使得各应用之间能够实现互操作性。这意味着，不同的应用平台可以共享和确认用户的身份信息，而无须建立独立的身份验证系统，从而促进了应用之间的互通互联。这样的数字身份结构是灵活且扁平化的，强调了用户在其自身数据中的主导地位。

区块链技术在数字身份认证平台上展现了多方面的优势：首先，区块链技术的去中心化特性彻底改变了传统的身份信息管理方式。在这样的体系中，中心化的管理机构不再存在，取而代之的是分布式的管理框架。这一框架是建立在点对点网络结构上的，其中的每个节点互相协作、监督数据。这种架构不仅增强了数据的透明度，也显著降低了在集中式系统中的数据破坏风险，如人为攻击和漏洞利用，确保身份信息的安全性。其次，区块链技术在处理身份信息查询时，采用了非对称加密来保护交易数据，同时通过工作量证明机制确保数据的一致性和完整性，大大提高了数据的可靠性，增强了数字身份认证平台的稳定性。最后，得益于区块链结构的透明特性，整个系统中的数据交易和记录都是开放的，解决了信息的不对称问题。区块链技术在这种公开性背后，还保护了用户的隐私，因为在交易中仅需要使用标识符，而不需要公开具体的个人信息。这种结合了透明度和隐私保护的特性，使得区块链技术在数字身份认证方面具有巨大的潜力。

二、区块链技术赋能数字身份应用的实践

2022年12月8日，全球领先的区块链研究机构火必研究院发布《2022—2023全球区块链产业全景与趋势》年度报告，报告指出，全球加

密人口已达到 3.2 亿，其中亚洲地区占到 40%。① 由此可见，区块链技术有着庞大的用户规模。当前阶段，区块链技术支撑下的数字身份正处于高速发展阶段，数字身份作为数字化转型的基础工具，已经在诸多领域展开了较为广泛且深入的探索与实践，尤其是在工业互联网、公共服务、金融等领域。

（一）工业互联网领域

工业互联网旨在整合设备、厂房、供应商、产品和客户，从而形成一个紧密的、跨多个界限的互联体系。为了实现这种整合，需要确保各种交互活动，无论是人与人、人与物还是物与物之间的交互，都能流畅进行。因此，为整个产业链的每个参与实体创建一个独特的数字身份变得至关重要，它为工业互联网的数字化交易提供了基础。尽管我国在构建工业互联网标识解析体系方面已经取得了显著进展，并且注册的标识量也在持续增长，但现有的解决方案主要还是依赖如二维码和条形码这样的被动标识工具。为了进一步提升这一体系，工业互联网未来的焦点将转向开发具有防篡改特性的主动标识芯片。区块链技术为后续的设备身份管理提供了一个高效且安全的框架。通过采用区块链背后的智能合约机制，人们可以确保设备身份的获取和验证过程是透明且不可篡改的，这种方法不仅可以确保设备的真实性，而且能确保人员与设备之间的数据交互是可信的、安全的、可追溯的，从而为人与设备之间的交互提供高效和安全的保障。

2020 年，中国信息通信研究院在工信部的支持下正式启动了国家区块链与工业互联网新型融合基础设施——"星火·链网"，该项目致力于支持工业互联网的数字化转型进程，并将其作为核心应用领域。项目的一个核心创新点是以网络标识——这一数字化转型的关键资源作为突破口，

---

① 火必研究院. 火必研究院 2022—2023 年度报告：全球区块链产业全景与趋势 [EB/OL].（2022-12-08）[2023-09-05].https://www.panewslab.com/zh/articledetails/tcrcyl72.html.

旨在构建一个分布式的、多方共同参与并达成广泛共识的互动与信任框架。这一框架的目标是提供一种统一的方式来标识和认证各种对象，从而实现万物互联。一方面，"星火·链网"在全球范围内提供标识注册、解析和数据共享等功能。这不仅确保了标识在全球范围内的独特性和互通性，解决了企业在数字化进程中面临的数据孤岛问题，还为跨链之间提供了一个安全、可信赖的连接、交互和互操作解决方案。另一方面，作为区块链的关键基础服务组件，标识和解析服务确保了物理世界和数字世界之间身份的精确对应。这种对应关系促进了不同链或标识对象之间的互操作性，为数字空间构建了一个信任链条，鼓励各方共同管理和治理标识，以确保其有效性和可靠性。

（二）公共服务领域

在公共服务领域，区块链技术为数字身份带来了革命性的变革，特别是在身份验证、权益鉴证和信息共享方面。传统的身份证明文件，如身份证、护照或出生证明，可以被存储在区块链上，为用户提供一种简化和快速的身份处理方式。这种方法不仅简化了身份核实流程，还赋予了用户对自己数据的完全控制权。此外，公民的财产权和数字版权等也可以被记录在区块链上，简化了产权的登记和转移流程，提高了交易过程中的信任度。

对于政府而言，采纳基于区块链的数字身份体系意味着构建一个创新的底层技术架构。这种架构能够打破政府各部门间的信息隔阂，推进治理方式从纯粹的数据管理向更广泛的治理模式转变。区块链技术提供了从原始生成到终端使用的完整数据共享机制，改变了传统的单一数据掌控模式。尽管区块链具有明显的去中心化特征，但其目标并非完全取代现有的中心化管理机构。相反，它旨在促进中心化组织间的协同与共识，从而形成一个更加协调的治理框架，为政府与公民之间建立更紧密、高效的互动机制，推进政务创新和公共服务的优化。

（三）金融领域

在金融领域，区块链技术为数字身份带来了双重的优势。一方面，它为金融交易提供了坚固的信任基石。区块链技术通过将金融证据加入链上，使这些证据被转化为可以流通和交易的数字资产，进而允许利用这些资产进行即时支付和结算。另一方面，区块链数字身份进一步强化了数字金融的实名认证（KYC）流程和跨机构监管，确保用户的数字标识与其实际身份紧密关联，并获得官方验证。这使得监管机关可以有效地追踪和审查个人的金融交易历史，从而快速识别并追查那些涉及洗钱、恐怖融资等有潜在风险的活动。

三、关于区块链技术赋能数字身份的建议

区块链作为数字经济时代的核心关键技术之一，能够对社会运行模式产生颠覆性影响，可以重新构建数字身份运行模式，实现物理世界和数字世界的互联互通，推动数字应用的全方位落地，对于全球数字经济的可持续发展起到促进作用。为了使区块链技术更好地服务于数字身份的构建，现提出以下几点建议。

（一）强化区块链核心技术研发，加快基础设施建设

在多个领域，公有链和智能合约等区块链的基础技术已开始取得初步应用。然而，随着它们在各行业应用的日益深化，现有的技术结构逐渐遭遇制约，难以满足大型应用场景的需求。为了适应这种日益扩大的应用范围，我们必须加强对基础理论的研究并不断推进技术创新。在此背景下，为确保区块链技术的广泛和高效应用，我国需要构建一个以中国为基地，但能服务全球的新型区块链基础设施。这样的设施将使得区块链技术可以轻松、快捷地适用于各种不同的场景，从而充分发挥其潜在价值。

（二）区块链统一身份标识率先落地

当前，区块链数字身份在隐私保护和数据共享方面仍存在挑战，因而其进展需要采取分阶段的策略。从近期的角度出发，构建用户的统一数字身份标识成为首要目标。这不仅能够简化用户体验，消除重复的认证和登录过程，也是目前对区块链数字身份较为直接、极其迫切且易于实现的需求。

（三）各国政府牵头，推动建立区块链数字身份系统

区块链数字身份属于基础设施，在很大程度上受公共事务的影响，并与某些商业实体存在潜在的利益矛盾。因此，为确保这一系统的成功推广并强调用户隐私权，政府的参与和引导显得尤为关键。政府主导区块链数字身份系统的建设，不仅有助于构建广大民众可以接受和信任的身份标识和标准，而且为其在各种政务场景中的应用奠定了基础。因为对于身份信息的保护和隐私性，政府通常持有严格的标准。因此，将区块链数字身份视为未来数据驱动社会的关键基石是至关重要的。

（四）加强对于区块链技术的治理与监管

为了确保区块链技术得到有效和正当的应用，政府监管部门不仅需要了解并掌握这一新技术，还需积极参与相关法律法规的起草和制定过程。其一，加速专门针对区块链技术的法规建设，确保技术的合规和安全应用。其二，通过先进的技术策略，增强对区块链的治理和监督。其三，为了达到最佳效果，各监管机关应明确其职权和责任，加强跨部门合作，确保政策实施的连贯性和协同性。

（五）加快推进区块链与工业互联网技术的融合创新

随着新一代的信息技术为传统制造业注入新的活力，人类正在目睹

工业互联网的快速崛起。这种崛起不仅扩大了工业互联网的连接和应用范围，还增加了物与物、人与物之间的交互场景。为了确保产业链各环节之间的数据可信并安全的相互链接，引入区块链技术变得至关重要。区块链与工业互联网结合，可以确保跨地区、跨行业、跨实体和跨设备之间的数据在一个可信赖的环境中被共享，这种创新将加速我国在工业数字化方面的进步，并推动传统制造业朝着高品质的方向发展。

第四节　数字身份对社会与个人的影响

一、"区块链＋数字身份"，帮助政府提高身份保障

在信息化时代，数字身份的概念逐渐受到广泛关注，尤其是当它与当今的创新技术，如区块链相结合时。在这种背景下，政府利用区块链和数字身份技术的融合可以提高公民的身份保障。

身份在现代社会的每一个方面都起着关键作用。无论是开设银行账户、购买房屋，还是享受社会福利和医疗服务，身份都是一个关键的要素。然而，现实中仍有很多人面临着身份证明丢失或未被正式记录的困境，导致他们在享受各种基本权利和服务时遇到障碍。区块链技术的介入为解决这一问题提供了新的可能性。区块链是一个去中心化、分布式的记录系统，它的核心优势在于其不可篡改的特性，一旦数据被加入区块链，任何未经授权的修改都会被整个网络发现并拒绝。利用这一特性，政府可以为公民创建一个数字身份，包含其基本信息和身份证明。与传统的身份证明相比，这种基于区块链的数字身份更难被伪造或篡改。更重要的是，对于那些传统身份证明丢失或未被正式记录的人来说，这种身份证明提供了一个稳固、可靠的替代方案。当公民需要进行身份验证时，如申请银行服务或政府福利，他们只需提供其数字身份，因为这个身份是基于区块链技术的，所以各方都可以确认其真实性和完整性，不

仅加快了服务的提供速度，还大大降低了身份盗窃或滥用的风险。

除此之外，区块链技术还能够赋予个人更多的控制权。公民可以选择何时、如何以及与谁共享其身份数据，而不必担心自己的信息被未经授权的第三方访问或滥用。

二、"区块链 + 数字身份"，坚决抵制人口贩卖

在当今社会，人口贩卖仍然是一个屡禁不止的全球性问题，其影响之深远和破坏之巨大，让人们不得不寻求更为有效的解决方案。此时，区块链与数字身份的结合为人类提供了一个独特且有力的工具。人口贩卖往往涉及身份窃取、伪造或篡改。传统的身份证明工具，如身份证或护照，容易被篡改和伪造，从而导致受害者很难证明其真实身份。但是，基于区块链的数字身份凭据确保了身份数据的真实性和完整性，即使在身份证件损失或被窃取的情况下，受害者仍然可以证明自己的真实身份，寻求援助。区块链的去中心化和加密特性，可以为受害者提供匿名保护，受害者可以在不暴露自己真实身份的前提下，向法律和社会机构求助。这种保护对于那些害怕遭受进一步伤害或报复的受害者至关重要。

人口贩卖活动往往涉及多个国家和地区。因此，国际合作在打击人口贩卖中起到关键作用。区块链可以被视为一个全球性的、去中心化的数据存储和共享平台，可以促进各国执法机关之间的信息共享，提高打击人口贩卖网络的效率，提供身份保护。区块链技术还可以用于追踪非法资金流动。人口贩卖的背后，往往有着复杂的经济网络区块链技术。通过监控和追踪与人口贩卖相关的金融交易，可以削弱其经济基础，进一步打击这种违法犯罪活动。另外，区块链技术的透明性还有助于提高公众对人口贩卖问题的认识，让人们看到这种罪行的真实情况，了解其危害，从而引起公众的关注和警觉。

三、"区块链＋数字身份"，解决通信行业现有问题

通信行业是现代社会运行的基础，可以确保各个领域之间信息流动畅通。但随着移动互联网和社交媒体的兴起，通信行业面临一系列挑战，包括隐私侵犯、网络安全、身份验证难题等问题。这时，区块链和数字身份的融合显得尤为重要，可以为通信行业带来革命性的改变。

首先，隐私问题一直是通信行业的关键挑战。用户在进行通信时，如何确保自己的数据不被第三方窃取或误用是一大关注点。传统的中心化数据存储方式很容易成为攻击的目标，而去中心化的区块链技术确保了数据不会被集中存储，大大降低了数据被窃取的风险。更重要的是，基于区块链的数字身份系统允许用户拥有自己的数据所有权，并控制谁可以访问这些数据，从而为用户提供更高的隐私保护。其次，网络安全问题与通信行业息息相关。伪造、欺骗和网络攻击都可能导致数据丢失或被篡改。而区块链技术的特点（数据不可篡改、加密存储和智能合约功能）能为通信行业提供更强的网络安全保障。每一次通信交易都会被加密并永久记录在区块链上，一旦数据被篡改，就会立刻被系统检测出来，从而确保通信内容的真实性。最后，身份验证是通信行业的另一大难题。在传统模式下，用户需要为每一个应用和服务提供多次身份验证，这无疑增加了用户的操作复杂度。但是，区块链和数字身份的结合可以为用户创建一个统一的、全球通用的身份标识。这意味着，用户只需一次验证，就可以无缝使用各种通信服务，大大提高了用户体验。

除了上述核心问题外，区块链技术还可以应对其他通信行业的挑战。例如，针对高成本的国际电话和短信费用，基于区块链的通信解决方案可以实现低成本、高效率的跨国通信；对于广告推送的问题，基于区块链的数字身份系统可以确保用户只接收到他们真正关心的信息，避免信息过载问题。

四、"区块链 + 数字身份"，减少医疗领域骗保问题

数字身份与区块链技术对医疗保险领域的骗保问题提供了独特的解决策略。骗保行为持续侵蚀着医疗保险行业，不仅导致巨额的经济损失，而且破坏了公众和保险公司之间的信任基础。由于医疗保险具有一定的复杂性，加之医疗保险与金钱息息相关，诚实的保险持有者经常受到恶意索赔的连锁反应影响，而骗保者则经常逃避惩罚。在这样的背景下，区块链和数字身份为医疗保险行业带来了一线希望。

传统的医疗保险流程涉及多个步骤和参与方，每一环节都可能成为潜在的欺诈漏洞。病人、医生、保险代理人和医疗机构经常在信息不对称的环境中运作，这导致了一个容易被操纵和伪造的系统。由于缺乏有效的信息验证机制，骗保者可以轻易地插入、修改或删除重要信息，以便为自己获得不正当利益。而区块链技术与数字身份结合，给人们展示了一个完全不同的画面。首先，区块链作为一个分布式的、透明的、不可篡改的数字账本，每一笔交易都被永久记录，确保了所有交易的真实性和不可抵赖性。而数字身份则允许所有参与者，无论是个人还是机构，都有一个唯一和经过验证的身份标识，不仅简化了交易流程，还为保险索赔提供了一个安全、高效、可靠的环境。其次，这种新的医疗保险模型不仅确保了每一笔交易的真实性，还大大减少了骗保的机会。当一个病人提出保险索赔时，其背后的所有医疗信息和历史都可以在区块链上进行验证，如果存在任何不一致或可疑的地方，系统将自动发出警报。由于所有信息都与数字身份紧密关联，任何尝试欺诈的行为都可以被迅速地追踪到源头。与数字身份相关联的信息透明性和可追溯性使得骗保者的行为更加难以隐藏。

这种结合还带来了其他意想不到的好处。首先，医疗保险流程变得更为高效和透明，所有相关的医疗数据和保险信息都可以实时共享，从而减少了信息处理的时间和成本。其次，由于区块链提供了一个去中心化的平台，所有参与者都可以直接进行交易，不再需要中间人，进一步降低了

费用，并提高了整个系统的效率。

　　但是，这并不意味着区块链和数字身份就是医疗保险问题的灵丹妙药。实施这种新模型，首先需要时间、资源和大量的合作；其次，各方需要相互信任并共同努力，以确保新系统的安全和有效性；最后，还需要公众、政府和其他利益相关者的支持和参与，以确保新模型能够在更广泛的范围内得到应用。

第七章　区块链的可持续发展
与社会影响

第一节　区块链与生态环境：促进治理多元化

一、提升政府环境监管效能

政府在生态环境治理体系中的主导地位表现在对生态环境资源产权与使用的前置管控，以及对于环境污染行为的持续监测和后续整改。然而，在实际操作中，政府常面临生态系统与行政边界不匹配的问题，从而影响了环境监管的效果。区块链技术为政府环境监管效能的提升提供了支撑。

（一）明晰生态环境资源产权

从本质上来看，生态环境是一个由各种使用权和多层次规则构成的公共资源。确保资源权利的持有者不因追求短期利益而滥用这些资源是生态环境治理体系的基础。在传统的政府治理模式中，资源的监管和评估往往由中央机构统一执行，这种集中式的方法与环境资源的分散或集体管理方式有时存在冲突。对此，区块链技术的分布式共识机制显示出巨大的潜力，它能与中央集权的监管方式形成互补，以更好地满足生态环境资源的实际管理需要。区块链技术，可以更为精确地解决权益的分配问题，填补在所有权和使用权之间可能存在的空白。这不仅增强了权利持有者对资源使用的信心，还能准确识别和预防任何形式的资源过度开发或滥用，为政府提供一个更为坚实、可信赖的产权管理机制，以更好地实施环境监管。

（二）确保环境监测数据质量

环境监测为政府决策和监督提供了关键的参考依据。传统的监测方法主要依赖于企业的自主诚信以及监管机构的定期检查，导致监测资源和执法能力存在分散问题。更严重的是，一些不道德的企业可能会操纵、绕过监测设备，或篡改、伪造监测数据，甚至某些基层部门或第三方机构与违法排放的企业之间可能存在不正当交易。在这种背景下，区块链技术以其不可篡改和全程记录的特性脱颖而出。区块链技术能确保监测数据从采集到存储的完整性和真实性，有效抵御外部的操纵和干预，也可以为环境政策工具，如排污权交易、排污税和碳税等，提供可靠的技术支持。政府通过使用区块链追踪工业废物、有害气体排放和碳排放的数据，不仅可以确保数据的真实性，还可以简化和加强政府在实施相关政策时的管理和监控力度。

（三）提升监管机构协同效率

区块链技术以其特性，如近实时的信息采集和存储、开放共享，以及在分布式账本中多方的共识记录方式，为现代环境监管带来了前所未有的机遇。它不仅能够实现各类监管信息的数字化同步，还能确保这些信息在不同政府机构、政府与企业之间进行实时共享。基于这样的跨部门、跨地区数据共享，所谓的"数据孤岛"问题将得以解决，从而使不同部门之间的信息隔阂消失。这种无障碍的数据共享将大大降低协作成本，进而推进跨部门、跨区域的协同监管，确保资源使用更为高效。

事实上，区块链技术已经在中国的一些重点项目中得到应用，如雄安新区白洋淀的生态环境治理和黄河流域的环境司法服务。在这些项目中，多个部门和主体通过区块链技术实现了信息的互联互通，形成了高效的协同监管机制。从更广阔的视角来看，区块链技术不仅提升了环境监管的合作效率，还为传统的"九龙治水"式的环境治理问题提供了有效的解决方案。区块链技术的应用，使多个治理机构能够更加紧密协作，共同应对环境挑战，确保生态环境得到持续、高效的保护。

二、改善市场生态交易功能

区块链，一种起源于金融和物流行业的创新技术，已经超出了它的初始应用领域，为多种业务模式提供了新的机会。在生态交易场景中，尤其在以企业为核心的市场中，区块链展现出了巨大的潜能，不仅与绿色产品市场紧密结合，提高了生态产品的追溯性和透明度，而且在构建一个公正而高效的环境资产交易系统中也起到了至关重要的作用。

（一）改善绿色供应链管理

类似环境监测的应用机理，区块链技术以其独特的可追溯性，为确保产品从原料采集到销售的各个环节的环境合规性提供了强大的支撑。首先，它使得消费者可以深入了解产品在供应链中的每一个环节，从而使消费者做出更加环保的购买选择。其次，在供应链各环节中，企业之间可以利用区块链技术来进行数据和资产的高效连接与安全共享。以巴西的绿色交易所为例，其通过 BVRio 平台利用区块链技术实现了木材产品从原始来源到最终购买的完整追溯。特别是在林业、渔业、食品和采矿这样的关键行业中，区块链技术能够大大增强供应链管理的绿色化能力。再次，依托于区块链技术提供的信息透明度，企业的生产方式和对环境的影响能得到清晰、公正的评估。最后，当涉及违规违法行为的追责、司法验证等后续调查时，区块链技术的不可篡改特性为其提供了坚实的技术基础。

（二）助力碳排放交易市场

为了应对全球温室气体排放和气候变化的挑战，控制碳排放已成为国际社会的共同努力方向。其中，碳排放权交易成为许多国家选择的市场化手段。在此背景下，区块链技术逐渐显现其在碳排放交易和监测方面的独特价值。在德国波恩联合国气候变化大会上，区块链技术如何助力追踪碳排放、改进国际碳交易和清洁能源交易已经成为专题讨论的焦点。得益于《联合国应对气候变化框架公约》秘书处的推动，全球气候链联盟应运而生，其集结了 40 多个国家的 160 多个成员，目的在于利用区块链技术加强气候融资和行动。

总的来看，区块链在碳排放交易中的作用主要体现在以下两个方面：一是区块链能够确保温室气体数据的真实性和不可篡改性，从而有助于监控各国在减排方面的实际贡献，其数据透明度可以在国家和各气候行动参与者之间建立起更加坚实的信任基础。二是通过区块链，碳资产的开发和交易过程可以更为流畅和透明。它为气候融资提供了一个透明的资金分配途径，同时支持众筹和点对点的金融交易方式，从而吸引更多的实体和个人参与到气候行动中来。

三、激发环保组织公益潜能

环保组织在生态环境治理中起到了关键性作用，以其非营利性和对公益的坚定追求，与政府和企业形成了一个多方互补的生态系统。特别是在一些社会回报明显高于经济回报，且对企业缺乏足够吸引力的领域，区块链技术为环保组织提供了一种更有效的参与和贡献手段。

（一）参与公益投资项目

在生态公益项目的投资领域往往存在一些项目，其社会效益远大于经济效益，导致传统的企业可能会因为缺乏经济激励而回避这些项目。然而，环保组织受其使命驱动，需要深入这些领域，而区块链技术为其提供了新的工具和手段。以雨林基金会为例，它利用数字货币"比特种子"为亚马逊地区的热带森林和动物提供保护资金。这种基于区块链的货币提供了一个透明和可追溯的资金流，使捐赠者和相关的监管机构都能清楚地看到资金的流向。此外，区块链上的智能合约技术为雨林基金会提供了一种新的策略，旨在制止对森林的非法伐木活动。雨林基金会通过智能合约的自动执行特性，能确保合约一旦签订就会被严格执行，从而防止非法采伐。

（二）搭建公益绿链平台

公益事业在很大程度上依赖于公众的信任，然而由于物资和善款使用信息的透明度不足（如红十字会），公众的信任感受到了考验，这种信任危机成为影响公益活动持续性的主要痛点。但是，随着区块链技术的出现，这一难题得以有了应对之策。区块链技术以其公开、透明的特性，为公益领域提供了一个解决方案。首先，每一笔交易在区块链上都能得到记录，这些信息是可追溯的，并且不能被篡改，确保了资金和物资流向的透明性。其次，智能合约的自动执行功能则确保了善款用于预定的目的，并避免了人为的滥用。比特币曾是区块链技术的首个应用，而环保币也被一些环保组织通过公益绿链平台引入，旨在鼓励公众参与环保活动，如支持可持续的农业或回收计划。在区块链技术的支撑下，所有的交易和资金流向都能被公众看到，从而使环保组织赢得更多的公众信任和支持。

四、培育公众绿色生活动能

广大公众是塑造环境友好型社会的基本单元。鉴于人们的多样性和在日常生活中环保教育的局限性，单纯依靠传统的宣传教育方法往往难以达到预期效果。与此相对，去中心化的区块链技术为人们提供了一种新的方式，可以更有效地激发公众对环境保护的积极性和参与度。

（一）优化公用事业系统

在日常生活中，公共设施，如电、水、燃气供应等，既是人们不可或缺的基础服务，也是推动绿色生活的关键环节。通过引入区块链技术，结合家庭级的水和能源智能数据传感器，人们能够创建一个更为智能、高效的公共服务系统。这样的系统不仅能够整合和分析分布式数据，为决策者提供有力的支持，还能实现资源的高效利用，从而减少浪费。以家用电力系统为例，随着家用光伏技术的广泛应用，越来越多的个人和家庭转变为分布式能源的供应者。在这样的背景下，区块链技术的引入能够实现家庭之间的点对点能源交易，大大降低了传统中心化供电系统的能源损耗。更重要的是，通过区块链技术实现的电力回购机制，公众可以从中获得经济回报，进一步推动其向清洁能源转型。

（二）引导公众环保行为

当前面临的一个挑战是公众对环保行为的内在积极性相对较低。区块链技术，作为一种体现社区共识的创新治理手段，提供了一种新的方法来鼓励和引导公众的绿色行为。考虑到众多城市正在推进的社区级垃圾分类和回收计划，区块链的应用将具有显著意义，其可追溯性不仅能确保垃圾回收过程的透明性，还可以为个人建立绿色信用评价体系。基于此，环保组织，如"塑料银行"，便与技术巨头 IBM 合作，打造了一个涵盖塑料垃圾全生命周期的管理系统，从垃圾的收集到最终的再利用都纳入其中。更为引人注目的是，这种系统还允许基于公众在日常垃圾分类和资源再利用等环保行为上的表现为其建立信用，并通过积分或代币奖励的方式，激励公众更加积极的参与。

广东省的碳普惠制核证减排机制的运行为人们提供了另一种视角，在这个模式下，公众可以将其在日常生活中的低碳行为转化为实际的减排量，并将这些减排量在碳交易市场上进行交易。这不仅为公众提供了直接的经济激励，还有助于实现碳交易市场的动态定价和供需平衡。

（三）参与绿色共享业态

区块链技术以其独特的机器信任特性和多方验证机制为共享经济注入新的动力，不仅为共享业态提供了所需的技术支持，还在绿色出行和物流等共享模式中展现了其独特的价值。例如，腾讯牵头发起设立的微众银行，联合北京环境交易所搭建了"绿色出行普惠平台"，形成绿色共享出行的闭环。智能停车、公共交通等领域也在利用区块链技术推出点对点共享系统和电子票据等创新解决方案，进一步优化了新型分布式交易模式。

区块链对单一治理主体的技术赋能只是其潜力的冰山一角，更为关键的是，各治理主体之间正在利用区块链技术加强协同和互动。一方面，通过这一技术，政府成功开展了与企业和公众的双向互动，为绿色生产和生活方式的推广铺设了道路。另一方面，社会公众则利用这一技术更加深入地参与政府监管、决策过程，以及追踪企业的绿色供应链。在共享经济和绿色公益的推动下，公众可以在区块链平台上与企业和社会组织进行无缝对接，深度参与环保行动。

第二节　区块链与供应链金融：信用穿透

一、供应链金融的产生背景

众所周知，中小企业是我国经济体系中不可或缺的角色。然而，长期以来，它们在融资方面一直面临着融资难、融资贵等问题。随着全球化和产业链分工的深化，许多企业跨境进行采购和外包，促进了全球贸易的迅速扩张。在这个背景下，传统的信用证和支票结算方式逐渐显得力不从心，赊账结算方式因其高效和灵活性而越来越受到企业的欢迎，而赊销带来的问题也随之显现。特别是对于中小企业，赊销使得他们更容易面临逾期还款的风险，长时间的资金周转问题更成为他们的一大压力。数据显示，逾期 180 天以上的还款情况正在逐渐上升，这无疑加剧了中小企业的经营压力。而供应链金融作为新型的融资策略，近年来已逐渐被视为缓解中小企业融资困难的有力工具，这种金融模式通过对供应链各环节的深度整合，提供了更为灵活和高效的融资解决方案，为中小企业带来了新的希望和机会。

供应链金融已逐渐被认为是解决中小企业融资难题的新思路。不同于传统的银行信贷和小微金融，供应链金融是一个基于供应链内部的信用体系而构建的创新金融模式。在这个体系中，处于供应链核心的高信用企业发挥着至关重要的作用，它们为供应链中的其他成员提供信用背书，进而促使整个链条上的金融流通。这种方式不仅涵盖了信贷、动产融资，还包括贸易金融等多种业务。供应链业务场景多样化，创新空间巨大，是中小型金融机构的蓝海市场。与此同时，对于商业银行而言，供应链金融的崛起也反映了它们对业务模式创新的迫切需求。在我国，传统的商业银行主要依赖存贷利差来获取利润。这种模式是银行的主要营业收入，然而这种传统模式在竞争日益激烈的金融市场中面临着巨大的挑战。于是，供应链金融成为银行探索新利润增长点的有效途径。

二、"区块链 + 供应链金融"的价值分析

（一）提升核心企业价值

随着核心企业的金融业务从传统的人工管理模式转向链上自动化管理，不仅确保了交易信息的完整性和可追溯性，还为核心企业创造了进一步增值的契机。首先，信息的透明性和穿透性加强了供应链上各企业间的紧密连接。当核心企业为供应链上的其他成员提供信用背书时，交易确认的需求大大减少，整体的交易效率得到了显著提高，同时加强了企业与各供应商的关系，确保了供应链的流动性和稳定性。其次，这种模式对核心

企业的融资结构也带来了明显的好处。它为企业提供了更多与上游供应商沟通的机会，从而使企业可能得到更有利的赊账条款，不但可以提高企业资金的使用效率，还有助于降低企业融资成本，进一步优化财务结构。最后，核心企业主动为中小微企业创造更有利的融资环境，不仅响应了国家的政策倡议，优化了整体的商业环境，也为自身树立了一个正面的企业形象，这种积极的姿态不仅有助于企业的长期发展，还会为其在市场中赢得更多的尊重和信赖。

（二）降低风险控制难度，扩大金融市场规模

基于区块链技术的供应链金融，让更多"不能贷"企业实现"可以贷"，从而激发了金融市场的潜在力量。从业务流程上看，区块链技术使得关键业务信息能够在线上快速、安全的流转，大大降低了操作者的工作量和复杂度，使得业务的边际成本降低。从融资规模上看，"区块链＋供应链金融"为企业提供了与二级市场对接的机会，形成了一个双层的、基本资产与金融资产共存的流转网络，满足了企业的多种融资需求，并释放了整个供应链的融资潜力，从而极大地增加了融资金额。从业务服务范围上看，传统金融模式通常只涵盖一级供应商，但在区块链技术的支持下，金融服务可以扩展至多级供应商，更深入地锁定和满足融资需求，从而挖掘并激活高质量的客户资源。从融资风险管控来看，区块链提供了强大的隐私和权限管理工具，确保了链上信息的安全共享。此外，电子债权凭证的多级流转机制使金融机构能够为核心企业的多级供应商提供融资服务，这种核心企业信用的多级传递降低了融资信用风险，为拓展更大规模的金融市场打下了基础。

（三）优化支付和结算流程

利用区块链技术中的智能合约，支付结算业务得以自动化并且精确执行。结合区块链的透明性和智能合约的自动执行能力，相关数据可以迅

速被追溯和验证，一旦满足了预定的条件，如放款、支付和清算等业务将自动进行，显著减少了人为错误和主观判断带来的风险。智能合约可以设定收益分配机制，使得应收账款在不同参与者之间流转得更为顺畅，以满足各种金融需求和场景。与传统中心化的信任机制不同，区块链提供了一个去中心化、以技术为基础的信任体系，各个参与节点都可以直接进行点对点的交易，无须依赖中心化的平台或中介。智能合约的自动执行能力意味着交易确认、清算和结算几乎可以实时进行，大幅提高了金融交易的效率，同时降低了相关的人力成本。更为关键的是，此机制帮助金融机构更有效地控制和降低风险。

三、构建完善的"区块链＋供应链金融"生态系统

（一）细化支持政策与审慎包容监管

首先，从政策制度角度来看，一个健全的政策和制度框架为"区块链＋供应链金融"提供了必要的宏观环境，保障其稳定发展。一方面，核心的区块链技术，如共识机制、密码学算法、跨链技术和隐私保护等，需要不断创新，确保可以为"区块链＋供应链金融"的发展提供强大的技术支持。另一方面，随着区块链技术的发展，政策制定也必须适应其特点和发展趋势。"区块链＋供应链金融"覆盖了诸如数据分析、信用额度设定、黑名单管理、权益质押、资金流转和应收账款管理等多个关键环节，这些环节跨越了多个金融分支，对中央和地方政府的金融政策支持尤为依赖。为了推进"区块链＋供应链金融"的健康发展，政府不仅需要进一步深化金融改革，还需要强化对这一领域的政策支持。具体而言，政策制定者应围绕"区块链＋供应链金融"的每一个环节，制定更加明确和具体的金融政策，进而促进该领域的持续创新发展。

其次，从监管层面来看，除了对非法行为进行打击之外，更应确保为"区块链＋供应链金融"的融合发展提供足够的空间。要真正促进这

两者的融合，必须基于对信息安全和数据动态的深入理解，建立并完善核心技术框架，并出台鼓励技术创新发展的相关政策。

最后，从长期角度看，完善的合规审查与审计体系能够助力金融行业实现自我监管与自律。为了进一步推动供应链金融的持续发展，建议组织并设立专门的"区块链＋供应链金融"示范区，以便系统地探索、识别并解决在融合过程中可能出现的问题，为我国供应链金融领域的未来打下坚实基础。

（二）鼓励单方构建与多方共建运营模式的协调发展

供应链金融不只涉及资金的需求和供应方，更是一个涉及广大社会参与者的公共事务。成功落地的"区块链＋供应链金融"要求供应链中的所有企业提供真实可靠的信息。但在实际操作中，中小企业面临信息化成本和资源限制，而核心企业则面临银行嫁接风险和额外的责任，导致他们不太愿意积极配合；银行和其他金融机构则追求获得可靠的融资信息以最小化风险。监管机构必须不断适应变化，更新监管手段。为应对这些挑战，一方面，各参与方需要加大对区块链技术的研发投入，促进技术进步的同时，采用激励措施鼓励各方参与，确保流程中的每个环节都能紧密连接，释放网络和协同效应的潜力。另一方面，包括政府部门、金融机构、核心企业及中小企业在内的各参与方，应建立起稳固的合作机制，确保数据流通和共享，并对失信行为进行严格惩处。在此背景下，建议首先在特定产业进行"区块链＋供应链金融"的试点，不断总结经验，为全面推广做准备。其次，应关注风险管理，避免盲目追随，确保新技术在推进的过程中不会对传统金融服务产生过大冲击。

（三）建立官方登记证明与历史信用证明的有机结合机制

电子债权凭证的价值在于其能够为大量供应商提供融资解决方案，特别是当凭证金额较大时，其拆分和转让的潜能使得更多中小企业能够受益。但在实际操作中，由于电子债权凭证尚未被广泛接受或习惯性使用，许多企业对其持保留态度，特别是对核心企业发行的凭证信任度存在疑虑。为克服这一难题，首先，可以构建一个结合官方登记和历史信用记录的机制。在此方案中，当核心企业发行电子债权凭证时，该凭证应在中央银行或票据交易所进行统一登记，这样的官方登记增强了凭证的公信力，使得接收方更加放心，并愿意助力凭证流通。其次，借助区块链技术，可以持续跟踪核心企业的凭证发行和兑付行为，为其建立一个完整的信用历史。接收方可以直观地查看其凭证上的信用记录，甚至在获得授权后，查看核心企业过去的具体交易情况。将官方登记和历史信用记录相结合，不仅可以提高供应商对电子债权凭证的信任度，还可以促进其更广泛、高效的流通和转让，从而为中小企业解决融资难题。

（四）促进区块链技术创新与供应链金融业务创新的融合

区块链技术为金融业提供了一个革命性的转型机会，它通过联盟链的形式实现了线下业务的线上化，允许在多方合作的环境中进行数据授权和可视化，不仅极大地提升了金融信息的传输效率，还大幅减少了交易成本。但当前的挑战在于，市场上还缺少完整的、以区块链为核心的金融业务实施方案。为了解决这一问题，技术服务提供商不仅需要加大在区块链技术方面的研发投入，更要在金融业务领域拓展知识和能力。这要求他们深入研究金融领域的需求，并开展专为金融业务设计的技术服务，从而实现金融平台与区块链技术的深度融合。

为促进区块链与供应链金融的结合，首先需要深入理解供应链金融的核心业务和逻辑，以找到最合适的实践路径。其次，要加速业务模式的创新，进而推动供应链金融行业的全面发展。最后，金融机构应超越传统的经营思维，围绕区块链技术与供应链金融的特点，设计并推出适应市场需求的金融产品。一方面，金融机构可以重新审视和整合现有的金融产品，根据区块链的特性进行创新，以提供更有竞争力的交易方式、风险管理策略和利率设置；另一方面，金融机构也应依据客户的实际需求，设计更加多样化和个性化的金融服务，帮助中小企业解决长期困扰的融资难题。

第三节　区块链与社会治理：
构建透明的公共管理体系

一、区块链的技术特征何以赋能社会治理

（一）去中心化——社会治理主体多元化

传统的社会治理模式常常是以中心化的权力和信息体系为核心，中央机构在这种结构中起到至关重要的作用，掌控着信息和数据的生成、发布以及所有行为的授权。然而，区块链技术为人们提供了一个全新的视角。在区块链体系中，信息产生是去中心化的，由所有参与的节点共同生成，不再需要一个中央系统来完全掌控信息，而是需要由分布式的节点通过加密技术连接，确保信息的透明性和不可篡改性。首先，区块链技术在社会治理中的应用，可以有效缓解信息不对称、权力滥用和腐败等问题。例如，通过"政务上链"，政府可以为公众提供一个基于互信的透明平台，使得公共事务管理更加开放和有效，这样不仅能增强公众对政府的信任，还能推动社会的共同治理。其次，区块链技术还可以为政府组织结构的改革提供新的思路。采纳去中心化的思维，政府可以逐步实施扁平化管理，释放组织的"长尾"潜力，从而更有效地满足社会的多样化需求。除此之外，去中心化的模式还可以支持多种分权治理机制的实施，如推动行业自治组织的发展，构建新的权力和责任机制。

总之，区块链技术为传统的社会治理提供了新的可能性，有望推动

从中心化到分布式、从单一主体到多元参与治理模式的转变，为构建更加公正、透明和高效的社会提供技术支持。

（二）共识机制——让权力在阳光下运行

共识机制是区块链技术的重要组成部分，它为分布式系统中的各节点提供了一个解决方案，以确保整个网络的一致性和安全性。在区块链网络中，对任何区块的更改或添加都需要多节点验证，从而确保任意单独的节点都不能单独行动或篡改信息。这种机制意味着：其一，尽管网络中没有中央监督或担保机构，但各节点可以通过不同的共识算法，如工作量证明、权益证明和授权股权证明，而建立信任，并确保交易的有效性和真实性。其二，由于每个区块都包含了一个唯一的哈希值和时间戳，因此所有在链上的数据都可以被跟踪和验证，确保了数据的不可篡改性和完整性。

将这种共识机制引入社会治理，有可能改变权力的运行方式。首先，权力的行使会更加透明，所有决策都将在公开、可追溯的环境下进行，从而强化民主监督，确保程序的正义性。其次，各方都参与决策过程，有助于确保决策更加科学和全面，从而追求更好的决策结果和决策的公正性。

（三）智能合约——建设高效高信任社会

一个高信任社会的运转，关键在于如何确保各方的权利、义务和承诺得到有效的执行，这正是智能合约能够提供的价值。智能合约通过编码形式，将约定事项写入区块链，一旦满足合约预定的触发条件，合约便会自动执行。这个过程不仅高度自动化、无须人为干预，而且具有强制性，要求每一方都严格遵守合同条款。具体来说，智能合约工作原理如下：它会在区块链上定期检查其内部状态，并匹配预设的触发条件；当某一事件满足这些条件时，网络中的节点会自动进行验证，一旦大多数节点达成共识，合约即自动执行。

在公共治理和行政领域，智能合约的应用前景广阔。例如，政府可以利用智能合约简化行政程序，自动完成某些审批和认证工作，这样不仅能够大大减少政务处理时间，提高效率，还能降低人为因素导致的失误和腐败。对于企业和个人而言，智能合约的应用能显著降低制度性交易成本，加快业务流程，同时确保各方权益得到保障。

二、区块链技术在社会治理领域的应用

（一）公共服务优化

1. 提升公共服务系统的稳定性和安全性

一方面，区块链技术为公共服务提供了一个去中心化、高度安全的数据管理平台，其去中心化的特性确保了网络在面对外部攻击时具有更强的韧性。由于政务数据在多个分布式节点上备份存储，当某些节点出现故障或受到攻击时，数据仍然可以从其他健康的节点中恢复，确保了数据的完整性和持续可用性。另一方面，区块链的共识机制和时间戳功能共同形成了一个强大的安全防线，不仅保证了数据在传输和存储过程中的完整性和不可篡改性，还确保了任何未经授权的修改都会被迅速检测到。这种透明性使得政府部门能够快速识别、应对并纠正任何非法入侵或数据篡改行为。

此外，基于区块链的技术环境，管理者有能力设计和实施更加精确的数据访问和控制策略。这意味着，在一个多方共同参与和协作的公共服务网络中，每个参与方可以明确地知道自己被授权查看的数据范围。这种数据访问控制，既保护了敏感信息，又确保了必要的数据共享和流通，从而增强了公共服务的效率和可信度。

2. 提效减负，为公共服务降本增效

区块链技术在公共服务中的应用，可显著降低运营与维护成本。首先，通过数据上链，公共服务体系可以有效地节省后续维护和更新的成

本。公共服务体系一旦解决了部门间的数据接口和认证问题，就不再需要对中心数据系统进行冗余的数据复制，从而降低了系统的运算负担。其次，这种模式鼓励部门之间按照功能和职责来组织和合作，以确保数据的全面整合，避免数据的重复存储和验证，同时解决数据孤岛和部门之间信息障碍的问题。最后，借助区块链构建的系统能够显著减少在公共服务提供过程中的制度性交易成本。基于"最少接触、最短路径"的原则，区块链使得数据可以直接、无须中介地进行点对点传输，不仅加速了跨部门和跨层级的服务流程，还大大缩短了部门间办事的周期。

对于涉及审批的部门，区块链为其提供了一个自动化、高效的解决方案，使行政事务的相关文件和资料可以迅速数字化，并在区块链上作为数字资产进行存储。这使得各个部门都能够方便地访问和共享数据，避免了重复的审核和验证工作，实现了公众的"一站式"办事和"智能秒批"的审批效率。

3. 拓展公共服务供给覆盖面

区块链技术经历了从加密货币到智能合约的转变，迎来了"区块链3.0"的时代，标志着其从经济领域向各行各业的全面扩展。这一阶段，主要聚焦于构建智能社会基于价值互联网的特点，强调将更多的实体和资产数字化，映射其价值至网络，并通过智能合约实现其价值交互。在未来景象中，各行业初始的私有链或联盟链，会在资产和价值的不断累积下，受到规模效应的驱动，逐渐整合并构成更大的价值网络。区块链技术将成为"万物互联"的一种最底层协议，并基于通证机制，有效地吸引更多的公共服务提供者和参与者。这不仅推动了一个去中心化、自组织的治理与服务模式的建立，还促进了公民间的直接合作与交互。在此环境中，公共服务不再局限于传统的管理实体，甚至有可能在无中心化的管理下完成。这样的模式将更加精确地满足公众的需求，推动服务的多样性、智能化和精确性，从而实现从服务的创建到反馈的完整闭环管理。这意味着区块链技术不仅能扩大公共服务的覆盖范围，更能提高其效率和满意度。

（二）信用体系完善

在面对日趋复杂的信用评定情境时，传统的技术框架逐渐显得力不从心，而这正是区块链技术得以发挥其强大可靠性的时刻。其核心技术元素，如时间戳可以确保信息溯源性，分布式存储和校验提供了信息的可信度，默克尔树结构保障了数据完整性的验证，非对称加密通过双重密钥保护数据不被篡改，而智能合约机制使合同的履行变得可靠且自动化。

一方面，将这些技术特性融入信用评估服务，尤其是结合大数据技术，不仅能揭示数据的深层价值，还能使区块链自身成为一个信任的源头。另一方面，这种创新为增强征信系统的公信力、降低其运营成本，以及打破传统征信信息孤岛的状况，提供了独特的思路。区块链技术就是通过创造信任来创造公共价值的，它令不同时空中的多个行动主体能够基于信任进行协作，从技术原理上实现了一种"不信之信"。在区块链网络中，每个参与者与网络中的其他成员都形成了紧密的"强连接"，这种连接模式有望破解因"弱连接"带来的低度信任难题，促进更高效的协作和沟通，从而为提升整体社会信任度铺路。通过区块链，我们或许正见证着信任体系的一次根本性重塑。

（三）法治社会建设

区块链技术能够有力推动社会治理法治化。在政治生活领域，区块链技术的固有属性，如透明性、去中心化和数据不可篡改性，使其成为维护公正和透明的民主进程的理想工具。以选举为例，一个基于区块链的投票系统可以确保每一票都被公正计算，没有任何外部或内部干涉的机会。随着电子技术的普及，区块链可为数字化民主提供坚实的基础，使公民能够更加积极地参与决策过程，从而确保他们的声音在政策制定过程中得到真正的反映。

在司法领域，区块链的潜力同样引人瞩目。首先，其数据验证和存储能力，使这一技术可以为电子证据提供坚不可摧的存证平台，从而解决当前面临的电子数据"取证难、示证难、认证难、存证难"等问题。其次，在审计、税务、金融和会计部门之间建立基于区块链的信息共享系统，可以增强透明度，减少欺诈行为，并确保数据的真实性和完整性。

第四节　区块链与教育：创新施教模式

一、区块链技术将给教育带来变革

教育是一个国家文化、经济和政治进步的核心要素，影响一个国家的长期繁荣和稳定。每一个关心孩子未来的家庭都将教育视为首要任务，因为它是塑造下一代思维、技能和价值观的关键。随着技术的进步，教育的公平性、透明性和智能化越来越受到重视。而区块链，作为一个安全、真实且不可篡改的技术，为教育创新提供了新的可能性。其具体表现在以下几个方面：

第一，互联网在线教育已经革命化地改变了教育的面貌，积累了海量的学习数据。这些数据可以揭示学生的学习习惯和需求，从而为他们提供更为个性化的教育经验。区块链技术确保这些信息在收集、存储和使用时都是真实的，使得数据分析更加准确和高效。

第二，区块链的去中心化特性有助于消除数据造假或篡改的可能性，为学生和教育者提供一个更为公正和透明的学习环境。例如，学业和技能成就的记录可以被永久保存在区块链上，使雇主能够直接访问并验证潜在雇员的资格和能力。

第三，真实性和可靠性是教育领域的核心要素。区块链技术不仅可以避免学历和证书的造假问题，而且为学生建立了一个真实可靠的信用体系，为学生的学术成就和身份打下坚实的基础。在一个不断出现"学术造假"报道的时代,这种技术保障的真实性显得尤为重要。

第四,去中心化的特点让在线教育平台及传统学校能够更高效、低成本的运营。这意味着,其不再依赖中心服务器,从而降低相关的维护和升级成本。此外,传统学校和教育机构可以利用区块链更新学生档案系统,使其更为现代化和高效。

第五,区块链技术允许学生将在多个教育机构获得的学习成果和学分进行整合和验证。这为那些提供在线课程和职业教育的平台,如尚德、正保远程和各大慕课平台,提供了新的机会和挑战。

第六,区块链的可追溯性意味着学生的所有学术成果和经验都可以被完整、永久地记录下来。这不仅是学生的宝贵财富,而且为教育者提供了一个全新的视角,帮助他们更深入地了解每个学生的学习过程和成果。同时,对于教育内容的创作者和机构,他们的知识产权得到了前所未有的保障。

二、记录学生学习轨迹,实现因材施教

学习不只是为了分数和证书,它更多地涉及个体在知识和技能上的发展、情感的成熟以及价值观的塑造。为此,成长记录应运而生,成为捕捉和呈现学生学习过程中细微变化的关键工具。与传统的评分系统不同,成长记录更注重学生的个人进程,捕捉其在学术和非学术领域中的成就和进步。这不只是一个简单的记录,更是一系列的证据、反思和评价,真实地反映了学生的学习之旅和自我发展。这些记录不但呈现了学生的知识和技能,还展示了他们思考、感受和自我调整的过程,这种个性化的记录方式具有巨大的优势。首先,它为教育者提供了一个全面了解学生的窗口,使得教育者不再只是基于学生表面的成绩进行评估,而是能够深入了解学生的真实状态和需求。这有助于发现学生的潜在才能、兴趣和需求,为因材施教提供实际的依据。其次,成长记录鼓励学生积极参与自己的学习过程,使学生成为自身教育的主体。当学生意识到他们的努力和进步都会被

看到和珍视时，就会更努力地投入学习中，追求卓越。

区块链能够让学生生成一种成长记录，即电子版的"学生成长手册"。学生成长记录信息化平台系统不仅可以记录学生的学科成绩，还可以捕捉学生的道德素养、身心健康、实践能力、创新思维等多方面的基本信息。从学生的学习偏好到日常行为，从奖励到处罚，每一项数据都成为衡量学生综合能力的重要依据。为了最大化这些数据的价值，平台采用了先进的数据分析和挖掘工具，对这些庞大的信息进行细致的处理。这样，教育工作者可以根据这些分析结果，为每个学生提供一个详尽的"学生综合评价报告"，真实地反映出学生的知识储备、技能掌握、情感态度、行为习惯、独特才能以及潜在素质。这种信息化的学生成长记录系统不仅为教育工作者提供了一个实时、完整、真实的学生画像，也为学生提供了一个自我认知和自我提高的工具。教育者可以根据这些数据为学生制订更有针对性的教学策略，而学生也可以更加明确自己的优势和需要改进的地方，从而让教有所循，让教与学都能做到知己知彼。

区块链技术以其去中心化的特性，为教育评估提供了一个全新的思路，使得学生的学习经历的全面和动态数据得以作为对其进行评价的核心要素。区块链的智能分析能够整合教师、学生及实习单位等对学生学习表现的量化评分，进而进行综合的定性评估。这种方法有助于解决在传统教育评估中显性和隐性评价失衡的问题，为学生提供一个全面、持续和多维度的评价体系。此外，这种评估方式也激励教育者进行自我反思和更新，以确保教育的质量和适应性。

三、真正实现教育资源共享

在我国，教育资源的分布不均衡、共享困难、信息化成本过高、学员信息过于碎片化等是一直存在的问题，而区块链技术的出现为这些问题提供了新的解决思路。利用区块链的去中心化特性和数据保真性，可以更高效地整合和共享教育资源，不仅可以实现跨平台，甚至可以实现跨国的资源整合。这意味着，学生可以以更低的成本获取优质的教育资源，可以不受地域或平台的限制，从而享受更加公平和高效的教育机会。

区块链技术为知识共享创造了一个去中心化的验证和存储系统，从而消除了对中心网站的依赖。这意味着用户可以直接访问资源，而不必担心由于经济、法律或政治原因而导致的资源丧失。更为重要的是，这个系统不仅分享教育资源，还包括学习行为记录、教育评价和学历认证等信息，这将促使一个去中心化的全球知识库的形成。全球知识库的独特之处在于其公开性、透明性和开放性，使所有教育参与者都能共同为资源库做出贡献。一方面，教育工作者可以根据自己的教学需求上传资料，并根据学生的反馈和其他部门的评价进行调整。另一方面，学生则有机会分享自己的学习心得和经验，为共享和创新知识提供了一个平台，满足了教育中的双方——教师和学生的需求。系统利用区块链的特性，可以精确追踪每一份资源的上传者、时间和类型，确保资源与教育目标一致，排除不符合要求的内容。这种方式打破了传统教育资源不能共享的障碍，促进了校内外、课内外优质资源的整合和利用。

四、打破教育培训机构之间的壁垒

区块链可以在个人教育机构、教育机构团体以及国家、国际教育机构中实施。事实上，任何想要安全存储徽章、学分和学历资格，以及分析重要教育数据的人都可以使用区块链技术。随着教育走向更加多样、民主、去中心化和无中介的趋势，维护教育声誉和对学术认证的信任变得尤为重要。当前社会对相关技能和就业适应能力的需求日益增长，使人们更加看重教育认证的信任度和透明度。区块链恰好为人们提供了这样的平台：一个广阔、开放、在线并且安全的信息数据库。

为什么说区块链打破了教育培训机构之间的壁垒？具体原因如下：

其一，单一机构可以使用。传统上，单一教育机构往往依赖于其自有的数据库和系统，以存储学生信息、课程内容和成绩。这些系统经常是封闭的，数据流动性差，难以实现信息共享。而区块链技术，特别是其不可篡改和透明性的特点，使单一机构可以安全、有效地记录数据。更为重要的是，其他机构或个体能够通过这一特性验证这些数据的真实性，从而促进数据之间的流动和共享。

其二，组织机构可以使用。当多个组织或学校希望合作时，数据互通与共享变得尤为重要。传统的中心化数据库常因各种原因造成数据孤岛的状况，而区块链作为分布式账本，可以轻松实现不同机构间的数据同步，确保信息的真实性和一致性，促进机构间的深度合作。

其三，国家区块链数据库和全球评估。国家或地区性的教育评估和认证通常需要集中大量的数据。区块链提供了一个不可篡改、公开透明的平台，使得各教育机构可以在平台上面上传和验证数据。此外，国际学术交流和学历认证也变得更为便捷，因为各国的教育机构可以直接在区块链上进行数据核实。

其四，大型开放式课程可以使用。随着在线教育和大型开放式网络课程的兴起，如何有效记录和验证成千上万学生的学习记录成为一大挑战。区块链技术可以为这些大型课程提供一个高效、安全的数据存储和验证方法，确保每个学生的学习轨迹都被准确记录。

其五，企业培训和职业培训可以使用。职业培训和企业内部培训往往涉及多个部门或多个培训机构，区块链可以作为一个公共的、可信赖的平台，记录员工的培训经历、成果和技能提升，而企业可以利用这些数据进行人才评估、晋升决策或是继续教育决策。

总之，区块链技术以其独特的分布式、不可篡改和透明性特点，为教育培训机构提供了一个共享和合作的新平台，从根本上打破了传统的数据壁垒，推动教育培训行业向更加开放、共享的未来迈进。

第八章　区块链经济的未来

第一节　Web3.0：去中心化的未来互联网

一、互联网的三次范式转移

回溯互联网的发展轨迹，从 Web1.0 到 Web3.0，人类经历了从只能读取信息，到可以读取和写入信息，再到可以拥有互联网本身的转变。其中，从 Web2.0 到 Web3.0 的颠覆性转变是，互联网从只能在人与人之间传递信息，升级为可以在人与人之间传递资产，换句话说，互联网从原来的信息互联网升级成价值互联网。

（一）Web1.0（20 世纪 90 年代—2003 年）：**静态互联网**

Web1.0 时代的互联网基于开源协议诞生，这使得它在初始阶段仅受到了少数技术专家和开发者的参与和打造。在这个时代，大多数用户只能在互联网上进行搜索和浏览，其真正的交互性相对有限。尽管如此，这一阶段却标志着互联网的初步商业化，诱发了首波的互联网创业热潮。在这个时代，互联网的用户量还未达到 10 亿，那些早期涉足互联网的人大多拥有电脑作为唯一的访问工具。这一阶段的代表性公司是那些能够有效聚合和提供互联网信息的技术巨头。随着用户量的增长，基于点击流量的盈利模式应运而生，为互联网企业提供了前所未有的商业机会。这种全新的商业模式，也被称为"信息经济"，它以信息作为交易的核心，预示着一个新时代的来临。

（二）Web2.0（2004—2020 年）：平台互联网

Web2.0 时代就是人类当前所处的互联网时代，它是基于用户端和服务端的二元架构发展而来的。在这个时代，每个用户都可以轻易地成为内容的创作者，而不仅仅是信息的消费者。他们可以自主地在网络上生成、分享内容及与他人互动，使得互联网内容变得更为丰富和多元。随着移动技术的崛起，互联网从 PC 端迅速转向了移动端，随之而来的是一个全新的移动应用生态。这个转变也使得一些大型平台公司逐渐崭露头角，它们凭借庞大的用户基数和数据积累逐渐成为市场的垄断者。很快，大数据、用户权益和经济收益更多地集中在这些中心化的商业实体手中，"平台经济"因此而诞生。这是一个由数家大型互联网公司主导的经济格局。与此同时，随着互联网的普及，全球的大多数人纷纷融入这个数字化的生态，互联网不再是少数人的专利，而是众多人共同参与和体验的平台。

（三）Web3.0（2021 年至今）：价值互联网

Web3.0 被誉为互联网的下一大阶段，虽然至今还存在关于其真正实现与否的争议，但毫无疑问，它已逐渐影响人们的数字生活方式。与 Web2.0 相比，Web3.0 不仅允许用户读取和交互信息，更重要的是它为资产的在线传递搭建了桥梁。其中，通证（Token）的概念引起了一场"通证经济"的革命，使人们能够实际拥有并受益于互联网的各个部分。Web3.0 的魅力在于它推崇的去中心化思想，其中的每个人不再仅仅作为内容消费者，而是可以真正参与和控制自己的信息数据，从而在计算、存储和资产管理等领域享受去中心化的好处。这种模式对传统的中心化公司制度提出了挑战，可能会引导人们走向一个新的经济与社会模式。然而，这一阶段目前还处于早期萌芽状态，全球的 Web3.0 用户不足 1 亿人。

综上所述，可以总结归纳出 Web1.0、Web2.0、Web3.0 时代的特征对比，如表 8-1 所示。

表 8-1　Web1.0、Web2.0、Web3.0 时代的特征对比

维度	Web1.0：静态互联网	Web2.0：平台互联网	Web3.0：价值互联网
创作者	平台创造	用户创造	用户创造
所有者	平台所有	平台所有	用户所有
控制者	平台控制	平台控制	用户控制
受益者	平台分配	平台分配	用户参与分配
中心化程度	相对中心化	高度中心化	相对去中心化
价值维度	信息互联网	信息互联网	价值互联网
交互方式	可读	可读 +可写	可读 +可写 +可拥有
组织范式	公司制	公司制	公司制 +分布式自治组织（DAO）
代表性产品	门户网站：雅虎	社交媒体平台：Facebook	公共区块链平台：以太坊
发展问题	体验差、功能单一	平台垄断、隐私泄露、流量为王	性能差、欺诈多、门槛高
发展阶段	成熟阶段	成熟阶段，性能强大	起始阶段，生态不成熟

二、Web3.0 的特点

（一）智能化

Web3.0 智能化的特点标志着互联网发展的新篇章，引领人们进入一个更为精细、前沿和响应式的数字时代。在这个时代，互联网不再是被动

地响应用户的需求，而是主动地预测、学习并提供最适合的解决方案。智能化的核心在于通过集成高级的技术，如人工智能、机器学习和深度学习，Web3.0 的平台和应用能够更好地解读用户数据，从而为他们提供更加个性化和有效的内容和服务。例如，当人们在搜索引擎中输入一个关键词时，Web3.0 不仅会根据这个词提供搜索结果，而且会综合人们过去的搜索历史、浏览习惯和其他相关数据来为人们提供最相关的信息。

（二）个性化

Web3.0 的个性化特点标志着互联网从一个通用平台转变为每个用户的私人定制工具。在这种新的数字环境中，系统和应用越来越能够理解每个用户的独特需求、喜好和行为模式，从而为他们提供更为专属的体验和服务。与 Web2.0 时代不同，其内容和应用程序在大多数情况下是一致的，Web3.0 中的个性化体现在每次的网络互动都是独一无二的，无论是搜索引擎结果、新闻推荐，还是购物建议，都是基于用户以往的行为、偏好以及其他个性化指标来进行调整的。这种深度的个性化不仅提高了用户的满意度，也使得内容和广告的针对性更加精确，从而提高其效果和回报率。

（三）连接性

Web3.0 时代超越了传统的网页链接和网络连接，展现了一个更为紧密、普遍和多样的连接网络。这种连接性反映了一个数字生态系统，其中的元素不仅仅相互链接，更是相互依赖、相互作用，形成了一个有机的整体。在这种环境中，数据、应用、设备和用户之间的交互变得更加无缝，不再局限于单一的平台或应用，使信息和服务可以跨越不同的设备、平台和应用流动，从而为用户提供一个连续、统一的体验。例如，一个用户在手机上开始的任务可以在电脑上无缝衔接，而无须重复登录或重新加载数据。

（四）互操作性

Web3.0 的互操作性特质突破了早期网络的孤立性和封闭性，为各种应用、数据、系统和工具之间的无缝集成创造了可能。这种进化不仅反映了技术的前沿进步，而且代表了一种新的数字哲学：开放、共享和协同。

在 Web3.0 时代，不同的应用程序、服务和数据平台可以轻松的相互交流和整合。这种相互之间的通信并不仅限于单一的系统或平台内，它延伸到整个数字生态中，允许跨平台、跨设备，甚至跨边界的交互和共享。例如，一个加密货币钱包不仅可以存储多种数字货币，而且可以与其他金融工具、应用或服务进行交互，为用户提供一站式的解决方案。

三、Web3.0 的本质是科技赋能商业形态

在 Web3.0 时代，技术不仅是商业发展的支撑，而且深入地重塑和重新定义了商业的本质和价值创造方式。首先，Web3.0 为商业提供了全新的基础设施。与传统的中心化模式不同，这是一个去中心化的世界，它赋予每一个网络参与者更多的权利和机会。例如，区块链技术使得数字货币和智能合约成为可能，为金融、物流、版权管理等众多个行业带来了革命性的变革。在这个模式下，信任不再是由中心化的机构来提供，而是由技术和协议来保证，从而大大降低了交易成本和风险。其次，Web3.0 的数据和算法驱动为商业决策提供了前所未有的智慧。在这个世界中，数据不再是静态的报告或记录，而是实时、动态、多维的资产。通过机器学习和人工智能，企业可以深入挖掘这些数据，洞察消费者的需求、优化供应链、创新产品和服务，从而获得竞争优势。最后，Web3.0 的开放和互操作性为商业合作和创新打开了新的大门。在 Web3.0 这个生态系统中，企业、开发者、消费者，甚至竞争对手都可以基于共同的标准和协议进行协作，创造出全新的价值。这种模式不仅促进了跨界合作，还激发了底层的创新和用户驱动的发展。

四、中国的 Web3.0 的未来展望

人们对于 Web3.0 的发展普遍关心的问题是监管。与欧美国家较为开放的态度相比，中国自区块链技术初现便开始对其进行监管，呈现出一种从上而下的监管体系与从下而上的技术创新双轨并行的特色。正是适度的监管确保了行业沿着正确的方向健康发展，减少了 Web3.0 可能带来的风险与挑战。同时，这也意味着当监管体系逐渐完善时，相关行业也将更趋向于为主流所接受。

"中心化"思想是中国传统文化的组成部分，也是嵌套在社会结构和商业结构中的深层要素，然而这种中心化的思维并不排斥去中心化的理念在中国的土壤上生长。以往的经验教导我们，为了经济的繁荣和社会的稳定，土地资源需要被更广泛的人口使用，而不是被少数人独占。这与区块链的哲学异曲同工：一个完全去中心化的系统可能会牺牲其效率和可扩展性。事实上，去中心化、安全性和可扩展性在技术设计过程中形成了一种复杂的平衡，即"不可能三角"，兼顾两者必定牺牲另一个。

在中国，Web1.0 是一个相对乏善可陈的阶段。进入 Web2.0 时代，中国呈现出惊人的活力和创新。这一阶段，微信、抖音等产品，应运而生，它们不仅在国内掀起了新的社交风潮，更在全球范围内重塑了社交网络的格局和形态。更为关键的是，这一时期中国的互联网不仅仅是虚拟的存在，而是深度渗透到了国内外的实体经济和贸易中。这种融合使中国建立了全球最先进的物流网络，创造了无比便利的城市生活应用，推广了极富创新性的消费信贷模型。与此同时，大量的物联网设备也在此时得到广泛应用，配合着高度信息化的制造业，共同推动了中国数字经济的飞速发展。站在 Web3.0 的门槛上，中国的互联网发展前景仍然十分广阔。这一新阶段的特点是去中心化和多元化，旨在更好地平衡经济发展，满足人们对于更好生活的渴求。与 Web2.0 的脱虚入实相似，Web3.0 也将更加注重实际应用，与传统产业深度融合，力求让更多人从中受益，共同创造一个

更为和谐、充实的社会。

为加快互联网发展，企业应建立自身的门户网站，增加互联网宽带的接入量，从而产生更大的移动网络接入流量。同时，以互联网为支撑的衍生行业，如物联网、人工智能、大数据和云计算产业，也应做出相应的努力。第一，物联网产业应大力推进物联网技术研发、产业发展、推广应用，完善"一云二网三平台 N 应用"的物联框架，积极推进物联网产业园、智联小镇建设，完善物联网云平台，加快打造全国领先的物联网产业集聚区。第二，人工智能产业应加强人工智能技术和相关产品在各经济社会领域的应用，大力发展智能机器人，推动智能汽车驾驶产业发展，支持重点汽车企业与互联网企业开展深度合作，开展智能汽车试点工作。第三，大数据与云计算产业应推进大数据科创城和大数据产业园建设，培育一批省级大数据产业基地，加快建设云计算应用工作，引进云计算相关高科技企业人才。

第二节　开放金融（DeFi）的崛起

DeFi 是去中心化金融（Decentralized Finance）的缩写，它的崛起不仅在金融领域掀起了一场革命，还为全球普惠金融提供了新的可能性和方向。相较于传统金融体系，DeFi 拥有无须许可、抗审查、可编程、透明和无须信任等一系列特性，从根本上重新定义了金融交易和服务的形态。

DeFi 主要具备以下几个特点：

第一，无须许可。这一特点破除了金融壁垒，让每一个人都可以平等地接触和享受金融服务。在传统金融体系中，开设银行账户或获得贷款往往需要经过一系列复杂的审核流程，而且很多地区的居民因为制度不健全或金融基础设施不完善，而无法使用金融服务。DeFi 的出现使这一切变得不再困难，任何人只需一个智能手机和网络连接就可以进入金融市场。

第二，抗审查。这意味着在没有中心化控制的情况下，个人可以自由地进行交易和资产管理，不受地域或法律法规的限制。这对于生活在政治不稳定或被经济制裁国家的人们来说，具有特别重要的意义。

第三，可编程性。这使得 DeFi 具有巨大的灵活性和可扩展性。传统的金融产品和服务通常是静态的，而 DeFi 平台上的智能合约可以根据不同的需求和场景进行定制，这为创新提供了无限的空间。

第四，透明。在 DeFi 中，所有交易都被记录在公开的区块链上，大大提高了交易的透明度，有助于预防欺诈和腐败等行为的发生。

第五，无须信任。DeFi 消除了中间人的存在。在传统的金融交易中，银行、支付公司等中心化机构起着被信任的角色，但它们也可能成为交易的瓶颈或风险点。DeFi 通过去中心化的 P2P 网络确保了每一笔交易都是安全、有效的。

DeFi 正在变得越来越流行，它的流行不仅仅是一种潮流，而是因为它具有真正的潜力去重塑全球金融版图。一方面，对于已经成熟的金融服务市场或机构来说，DeFi 能够通过其无须许可、无须信任和无国界的特性降低成本，触及更广泛的市场和用户，提高资本的利用效率。这不仅能够为金融机构带来更多的客户，还能够让金融服务更加高效、灵活和广泛。另一方面，DeFi 能够为那些生活在发展中国家或发达国家但无法获得金融服务的人们，提供一种更低成本和更低门槛的金融服务渠道。全球仍然有数十亿的人没有银行账户或无法获得基本的金融服务，DeFi 的普及可以帮助解决这一问题，实现真正的全球普惠金融。

目前，DeFi 已经发展出如下几种典型方向。

一、支付

支付一直以来是金融系统的核心组成部分，而在区块链和 DeFi 的背景下，支付技术正在经历一场前所未有的革命。

比特币作为世界上第一种区块链支付方式，具有无国界、无须信任和无须许可的显著特性，但随着时间的推移，其在隐私保护和交易成本方面的不足逐渐暴露出来。因此，开发者和研究人员开始着手改进这些问题，并发展出一系列主打匿名特点的支付项目。这些新项目不仅在隐私方面做出了改进，还在交易速度和手续费等方面进行了优化。此外，由于比特币的价格飞涨，而交易处理能力有限，其交易手续费逐渐变得过高，不适用于日常支付活动。于是，开发者开始寻找能够实现低费用和快速支付的方法，如比特币闪电网络和以太坊的雷电网络（Raiden Network，RDN）。

在跨境支付方面，传统银行体系由于受到各种法律法规和金融政策的制约，往往费用高昂，处理时间长。为了解决这一问题，瑞波币（Ripple）专为企业使用者设计，力图为银行和支付服务商提供一个获取国际支付流动性的可靠和应需途径，而恒星币（Stellar）则旨在为人们提供快速、可靠和低摩擦费率的跨境支付服务。所有这些成熟和各具特色的支付技术，为 DeFi 的全面发展提供了坚实的基础。只有在这些成熟的支付手段支持下，DeFi 才有可能扩展为更复杂、更多元化的金融产品和服务。

二、稳定币

稳定币是一种可以用来和特定的指数资产保持固定比例兑换的特殊加密数字货币，具有价值恒定、不会暴涨暴跌的特性。[1]

（一）稳定币的类型

截至目前，整个加密数字货币世界主要存在三种不同类型的稳定币设计方案：算法央行型稳定币、基于链上数字货币资产的抵押型稳定币、

---

[1] 王腾鹤，辛泓睿，黄永彬．一本书读懂数字货币 [M].北京：机械工业出版社，2020：151.

基于链外资产的抵押型稳定币。

算法央行型稳定币。其工作原理是通过预言机获取市场对稳定币的真实需求，然后通过调整货币供需的算法进行货币增发或回收，以保持稳定币供应量始终符合市场的真实需求。这种方式的显著优点：能实现完全的去中心化，避免了中心化管理的风险和不透明性。这种方式的显著缺点：很难有算法能够准确估算市场对稳定币的真实需求，因为这种需求是动态变化的，受到多种因素的影响，如市场情绪、宏观经济状况、政策变化等；很难在通货膨胀时对货币进行快速有效的回收或销毁。通货膨胀通常是由多种因素共同导致的，如供应链问题、原材料价格上涨、劳动力成本上升等，这些因素往往是相互关联和影响的，很难通过简单的算法来捕捉和控制。

基于链上数字货币资产的抵押型稳定币。这种稳定币不依赖中心化的信托或银行存款来保持其价值，而是依靠加密货币资产，如比特币或以太坊，作为抵押来生成与法币锚定的稳定币。

基于链外资产的抵押型稳定币。这类稳定币通常由一个中心化的发行主体管理，然后托管给第三方机构，并经过严格的审计流程，以确保其透明度和信任度。不过，这种类型的稳定币尚未得到广泛推广。其背后的原因有以下两点：第一，实物资产，如黄金，确实存在很高的价值共识，但也容易受市场因素的影响，价格波动较大，与稳定币理念的核心属性——稳定性相冲突。第二，资产被托管在第三方机构，增加了审计的复杂性和成本。虽然严格的审计可以提供一定程度的信任度和透明度，但它也可能导致效率降低，而且存在中心化风险，如第三方托管机构的不良行为或失败。

（二）稳定币的未来

基于法币或其他低波动率资产的稳定币方案具有环节简单和可验证性强的特点，在实际的落地应用（尤其是全球支付领域）中，将拥有较大的成功机会。在这一背景下，稳定币将存在两种最可能的组织形式：央行数字货币和由用户基数极大的跨国巨头发起的商业支付联盟。

央行数字货币其实是一种借助区块链技术来实现国家法币"数字化"的现代化形式。强信用国家可以通过积极推广加密数字货币，将法币进行"加密数字货币化"，进一步低成本地实现使其成为全球结算货币的目标。这样的稳定币不仅保证了资金的安全性，而且通过低廉的交易成本和高度的可验证性，使得全球化交易更加便捷。

对于用户基数极大的跨国巨头来说，基于稳定币的全球支付系统更具吸引力。通过多边组织的方式，这些公司可以为其主营业务引入基于稳定币的支付系统，打造"全球版的微信支付"。具体来说，他们可以利用其庞大的用户基础和社交网络效应，通过用户规模强化支付应用，进一步通过全球性的低成本无摩擦支付手段来激活更多的消费场景。这种基于商业支付联盟的稳定币可以降低在全球性商业场景中的支付和结算成本，进而实现企业规模和利润的增长。

不论是央行数字货币还是商业支付联盟，稳定币在全球支付领域都具有巨大的潜力和应用前景。然而，要真正挖掘出这些潜力，还需要解决与全球监管环境的对接问题，以及推动数字货币的教育和普及。这些都需要各方——不仅是政府和企业，还包括用户和其他利益相关方，共同努力，才能构建一个既安全高效又便捷的全球支付生态系统。

三、去中心化交易所与开放交易市场

交易在人类社会和金融市场上都扮演着至关重要的角色。在区块链领域，这一点同样适用。比特币及其诸多衍生品成为这一新兴领域的"明星产品"，通常一个新手会通过在交易所购买比特币来初步了解这一领域。而交易所，尤其是中心化交易所，因其高流动性、交易便利，而长期成为交易的主要平台。然而，中心化交易所存在着明显的风险和弊端。第一，在这种模式下，交易平台的所有者负责储存和管理系统内的所有资产，容易引发单点故障问题。举例来说，2019 年 5 月 8 日，世界最大的交易所币安发现了大规模安全漏洞，黑客成功盗取了价值巨大的 7 000 枚比特币。第二，除了安全问题外，中心化交易所还可能面临来自监管的审查风险、内部风控风险等。这些问题凸显了集中式资金托管方式在保护用户资产方面的不足。

在这样的背景下，去中心化交易所（Decentralized Exchange，DEX）应运而生。DEX 是建立在去中心化区块链平台的基础上的，去掉了中间商，允许用户进行点对点的直接交易。与中心化交易所相比，DEX 具备以下几点优势：

其一，隐私性。DEX 提供更高程度的隐私保护。传统中心化交易所通常要求用户提交大量个人信息以完成 KYC 流程，包括身份证、护照、地址证明等，这无疑对用户隐私构成了威胁。相反，在 DEX 上，用户只需创建用户名和密码，然后导入现有钱包或创建新钱包，即可开始交易。这为那些高度看重隐私和匿名性的用户提供了一个理想的交易平台。用户可以随时随地进行交易，没有任何隐私方面的顾虑。

其二，抗审查。交易过程完全在区块链上自动执行，没有中心化实体负责监控或干预，大大降低了被审查或被封锁的风险。不像中心化交易所可能受到政府或其他权力机构的压力，对某些交易或资产进行限制或封锁，DEX 提供了一个更自由、更开放的交易环境。此外，去中心化的架构也使 DEX 更难受到黑客的集中攻击。

其三，安全性。首先，虽然不同 DEX 的安全系数有所不同，但由于没有中心化的托管钱包，黑客无法通过单一节点进行攻击，从而盗取用户的所有资金。其次，交易双方的资金直接从一个钱包转移到另一个钱包，不经过中心化的托管，大大降低了丢失的风险。最后，由于清算过程也是去中心化的，黑客很难利用这一环节进行攻击。即使在最坏的情况下，也就是在 DEX 停止运行或遭到攻击时，用户的资金仍然是安全的，因为他们可以直接通过其区块链钱包恢复对资产的控制。

其四，通用性和灵活性。在 DEX 中，只要有买单和卖单，用户就可以交易任何类型的资产，包括那些不太常见或者没有被大型交易所接受的资产。

其五，更不易被操纵。中心化交易所由于其业务模式和架构，更容易受到不良行为的影响。例如，通过刷量伪造交易量，或者通过关闭某个特定 Token 的充提功能，以限制交易或操纵价格，这些都是中心化交易所可能存在的问题。在 DEX 中，这些操纵行为发生的可能性大大降低。因为订单薄是去中心化的，没有单一的实体能够修改或操纵它，即使有人试图影响市场，他们也不能像在中心化交易所那样，通过一系列复杂的手段就能轻易实现。这为用户提供了一个更加公平和透明的交易环境。

DEX 主要采用三种设计思路，分别是：链上订单薄，链上结算；链下订单薄，链上结算；智能合约管理储备池。

链上订单薄，链上结算，是最早采用的第一代 DEX 设计思路。在这一设计中，从订单的创建、资金的锁定到订单撮合和最终交易的触发，所有这些环节都是由智能合约来控制的。这意味着每一个微小的订单调整，如改变订单数量、订单价格或撤销订单，都需要通过链上交易来完成。这种设计确保了极高的去中心化程度和资产安全性，由于所有交易都受到智能合约的严格控制，用户资产的安全性得到了很好的保证。同时，由于没有中心化的实体参与，这种设计也很好地满足了抗审查和高隐私需求。但是，这种高度去中心化的设计也产生了一系列问题。例如，所有的交易都必须在链上完成，这限制了交易速度和交易量，导致交易深度不足；每一个订单的创建或订单的改变都需要在链上确认，交易速度较低；由于所有交易都在链上进行，每一笔交易都需要支付矿工费，导致交易成本相对较高；无法与其他交易平台的代币进行跨链交易。

链下订单薄，链上结算。在这种设计中，订单薄由链下的第三方交易通道 Relayers 负责维护。Relayers 负责承载和广播订单，这样可以将系统内的所有流动性订单信息集结在一起。相比于完全链上的解决方案，这样的设计有以下显著优点：第一，大部分操作（如订单的创建、更新和撮合）都在链下完成，极大地降低了交易手续费。第二，这种设计也减轻了智能合约的工作量。由于只有交易执行环节发生在链上，智能合约只需要在交易最终确认时才开始工作，极大地提升了 DEX 的性能和扩展性。但是，这样的设计也有其局限性和风险。例如，由于 Relayers 在链下运作，其行为和订单数据的可用性难以保证。不道德的 Relayers 可能会伪造或虚报订单信息，甚至操纵订单撮合过程，不仅会对用户产生不利影响，也可能对整个交易系统产生破坏性的影响。此外，这种类型的 DEX 通常不支持跨链交易。也就是说，用户只能交易在同一条链上特定格式的 Token。这限制了其应用范围和吸引力，因为用户可能需要在不同的区块链之间进行交易。

智能合约管理储备池是一种在 DEX 中用于增加流动性并降低连接买卖双方难度的有效补充方式。在传统的交易模式中，一个交易的完成通常需要"需求的双重巧合"。也就是说，一个人想卖的东西恰好是另一个人想买的，而另一个人想卖的东西恰好是前一个人想买的。这样的巧合并不常见，从而导致了交易的不流畅和低效率。而智能合约管理储备池的出现可以很好地解决这一问题，其基本原理是激励第三方充当提供流动性的去中心化银行。具体来说，首先这些第三方会向储备池中存入一定数量的代币，从而为系统提供流动性。然后买卖双方在进行交易时，可以直接从储备池中取得需要的代币，而不是需要等待另一方的需求与自己的需求完全匹配。这极大地提高了交易的效率，由于不再需要等待"需求的双重巧合"，交易可以更快完成。通过激励第三方向储备池存入代币，系统可以更好地应对大量的交易需求。这样的设计也存在一些缺点和风险：第三方充当流动性银行，可能导致系统的中心化，因为这些第三方可能会控制大量的资金。为了避免过于中心化的储备池管理，系统可能需要制定具有激励性的政策，鼓励更多的用户在储备池抵押代币，从而分散风险。

第三节　元宇宙：新一代的数字社会

一、区块链对元宇宙的重要性

在元宇宙的构想和实现中，区块链技术起着不可或缺的作用。如果没有区块链，元宇宙可能只会停留在游戏或娱乐层面，而难以发展为一个具备经济价值和社会功能的平行宇宙。区块链技术不仅搭建了虚拟世界与现实世界之间的桥梁，更为元宇宙中的经济交换、身份验证和规则执行提供了一个安全、透明、去中心化的平台。

（一）区块链保证了虚拟资产和虚拟身份的安全性

在一个完全数字化的元宇宙里，传统的身份验证和资产保护机制很难广泛应用。然而，借助区块链技术的不可篡改和去中心化的特点，用户的虚拟资产和身份可以得到更加安全和可靠的保护。这不仅增强了用户对元宇宙的信任，还为更广泛的经济活动提供了基础。

（二）区块链促成了价值交换的可能

在没有一个统一和透明的账本系统下，虚拟世界中的交易很容易受到欺诈、双重支付等问题的影响。区块链提供了一个去中心化但高度可信的账本，使得资产和服务的交换变得透明和可追溯，不仅增加了元宇宙内部的经济活跃度，也让现实世界的资本愿意进入。

（三）区块链和智能合约技术能够保证系统规则的透明执行

在一个复杂的元宇宙世界里，如何确保各方遵守规则，以及如何防止中心化的权力滥用，都是非常重要的问题。智能合约为这些问题提供了解决方案，因为它是自动执行的合同，不受任何个体或组织的操控，这种透明性和可信赖性让人们更愿意参与到元宇宙的建设和运营中来。

（四）区块链是元宇宙快速发展的催化剂

通过运用开放、高效、可靠的去中心化金融系统，元宇宙的构建速度得以加快。想象一下，未来的元宇宙不仅是一个娱乐场所，还是一个工作、学习，甚至进行科研的平台。这一切都需要一个强大而可靠的底层技术作为支撑，而区块链正是这样一种技术。

首先，区块链技术的加密算法确保了数据隐私和信息安全，使得在元宇宙中的个体能够掌握自己的数据，并将其资产化。这意味着个人不仅能够控制自己的信息，还可以选择如何使用或出售它，这为元宇宙中的经济活动创造了全新的机会。其次，共识机制和链式结构提供了一种去中心化的方式来确权和进行价值传递，这种去中心化的特性能够提高交易的效率和透明度，降低欺诈和错误的风险。

元宇宙和区块链技术能够共同构成一个开放、透明和去中心化的价值互联网，其中资产和信息可以自由、安全和高效的流转。这种价值流转不仅仅是互联网经济系统的翻版，更是一个全新的范式，它创造了无数前所未有的机会和挑战，预示着数字世界的未来将更加多元、动态和安全。

二、区块链是元宇宙的"天然母体"

区块链与元宇宙之间有着非常密切的关系。区块链，作为一种去中心化的分布式账本技术，具有改变传统行业底层逻辑的能力，为解决复杂问题提供了全新的范式。与此同时，元宇宙作为一个旨在打通虚拟与现实界限的复杂系统，也需要一个如区块链般的"母体"来实现各种可能性。

一方面，在解决传统行业痛点方面，区块链展示了其独特的优势。由于其去中心化、透明和不可篡改的特性，区块链能够有效地解决信任、数据安全和交易效率等问题。而这些恰恰也是元宇宙中迫切需要解决的问题。例如，在元宇宙中进行资产交换或身份验证时，区块链能够提供一种安全、快速且无须第三方干预的方式。但区块链的力量远不止于此，其最大的价值在于能够整合和融合各种新技术，将其连接成一个高度协同的系统。这种"1+1 > 2"的效应，使得区块链不仅仅是一个单独的技术或解决方案，而是一个聚合体，它有能力汇聚各种新技术，并赋予它们更高的价值。

另一方面，元宇宙不仅需要高度先进的虚拟现实技术，如人工智能、大数据分析等，还需要这些技术能够高度融合，形成一个稳定、安全、高效的系统。这种需求与区块链的特性高度吻合。通过区块链技术，各种在元宇宙中使用的新技术不仅可以单独存在，而且能够成为一个高度融合的整体。更进一步地说，区块链也为元宇宙提供了一种商业落地的可能性。元宇宙因其庞大的概念和多样的应用场景而常常被视为一个模糊的概念，但区块链的出现为其提供了明确的实施路径。无论是在资产交换、数据储存还是智能合约方面，区块链都为元宇宙的商业应用提供了坚实的基础。

区块链与元宇宙之间的这种密切的关系，彰显了区块链技术不仅在现实世界，甚至在构建一个全新虚拟世界的过程中都具有不可替代的作用。正是因为有了区块链，元宇宙从一个抽象、模糊的概念变得更为具体和可行，而区块链也因其在元宇宙中的多种应用而得到更为广泛的认可。这种相互促进、共同发展的关系，使得区块链不仅成为支持元宇宙的"母体"，也让人们对于区块链的潜能有了更为深刻的认识。

三、区块链是元宇宙的"毛细血管"

谈到元宇宙，大众普遍首先想到的是它在游戏领域的应用，通过平台虚拟世界与现实世界得以高度融合。然而，纯粹从游戏和娱乐的角度去看待元宇宙，是对其价值和潜力的一种局限。如今，实体世界与虚拟世界之间的界限变得越来越模糊，这不仅仅是因为技术的发展，也得益于商业模式的创新。元宇宙的商业价值不可小觑，因为它构建了一个完整的商业闭环，在这个闭环中，区块链技术起到了重要作用。

第一，区块链通常被认为是一种复杂且专业化的技术，而它在元宇宙中实现了真实价值与虚拟价值的高度统一，这一转变不仅赋予了虚拟世界更高的价值，也使得实体经济与虚拟经济之间的流动变得更加自然和高效。例如，借助区块链技术，虚拟物品和资产可以被真正拥有，并且能够在不同的虚拟世界，甚至实体世界之间进行交易和流通。这些物品和资产不再是某个游戏或应用程序中的数据，它们具有在真实世界中的价值，因为它们是由不可篡改的区块链技术来支持和证明的。第二，区块链技术还为元宇宙带来了更加广泛的应用场景，如教育、医疗、房地产等多个领域。在元宇宙中，你可能会进入一个虚拟的教室进行学习，拿到一个由区块链证明的虚拟学位；也可能会在一个虚拟的医院接受诊断和治疗，而这些服务的费用和质量都会通过区块链技术来进行记录和证明。

将区块链比作元宇宙的"毛细血管"并非言过其实，就像毛细血管将血液传输到身体的各个部分，区块链也将信息和价值传送到元宇宙的各个角落。这一流动性不仅让虚拟世界与现实世界更加紧密的连接，还推动了整个生态系统的健康和可持续发展。

四、区块链是打开元宇宙大门的钥匙

区块链的技术进步是推动元宇宙发展和演进的关键力量。观察未来，如果存在"第二宇宙"和"第三宇宙"等更高级的形态，那么这些新形态的出现一定离不开区块链技术的发展。这不仅是因为区块链能为元宇宙提供安全和透明的商业闭环，更是因为区块链自身也需要与其他前沿技术一起不断演进。

对于区块链来说，要与大数据、云计算、人工智能、3D 技术、VR/

AR 等其他新技术建立新的关系，就必须拥有能够适应和应用这些技术的能力。其他技术的演进不仅推动了商业模式的创新，也催生了全新的应用场景，如数据分析、自动化、虚拟现实等。若区块链不能跟上这些技术的发展步伐，就很难在这个不断演进的生态圈中发挥重要作用。

只有区块链技术自身得到不断的更新和改进，才能充分利用其他新技术带来的机会，推动元宇宙等新形态的出现和发展。反之，如果区块链停滞不前，那么不仅是元宇宙，其他基于区块链的应用也很难与时俱进，最终可能会逐渐被淘汰。

实际上，区块链不仅是开启元宇宙之门的关键，更是推动其持续演进的动力。缺乏对区块链在元宇宙发展中的深刻认识，可能会导致视野狭窄，无法充分挖掘区块链的潜力，而没有新技术作为支撑，元宇宙就会失去发展动能，最终可能会消失或被取代。

第四节　对未来的展望：区块链经济的新方向

一、全球区块链市场规模的增长预期

随着区块链技术的快速发展，全球区块链技术与产业市场呈现出强劲的增长态势，该市场领域涵盖广泛的行业与服务，并随着区块链技术的创新应用不断扩张。全球主要经济体和科技公司都在积极布局区块链领域。预计未来几年，区块链技术将持续快速普及，市场规模的扩大将继续保持较高增速。

根据市场研究公司 Statista 的统计数据，2021 年全球区块链技术市场规模已接近 230 亿美元。较 2017 年的 4.67 亿美元市场规模，2021 年实现了近 50 倍的增长，其中以金融服务、基础设施建设和信息服务为主要应用领域。从地区分布来看，北美和西欧是区块链技术的主要应用中心，亚太地区增速较快，中国市场规模达到 11 亿美元。从增速来看，区块链市场保持较高增长率，未来增速仍将较快。Statista 预计到 2025 年全球区块链市场将达到约 440 亿美元，五年复合增长率超过 50%。

具体来看，以下几个方面将推动区块链市场持续扩张：

第一，在金融服务领域，区块链技术在支付清算、跨境汇款、资产证券化等方面应用潜力巨大。传统金融机构也在积极探索区块链与现有业务的结合，未来这一领域市场空间广阔。

第二，在供应链管理领域，区块链可实现全链路信息对称共享、商品溯源、交易自动化等，不仅可以提高供应链效率，也可以建立起可信信息共享体系。未来随着 5G、物联网的发展，"区块链 + 供应链"将具备广阔的增长空间。

第三，在文娱内容产业中，区块链实现版权保护与数字资产化，开创了新的内容生产与流通业态，如 NFT 数字艺术品交易市场正处于快速成长期。这为创意内容产业提供了巨大机遇。

第四，在公共服务领域，区块链可实现身份认证、证书存证、选举投票等，提高公共服务效率和可信度。随着各国政务数字化转型，区块链技术预计会拓展到更多公共服务场景中。

第五，随着元宇宙概念的兴起与互联网进一步向自主网络体系演进，区块链作为实现元宇宙经济与资产转移的基础，其市场前景广阔。

区块链技术的创新与应用拓展，将继续释放巨大的市场潜力。区块链技术在多个领域与传统行业实现深度融合，推动产业变革与升级，全球区块链市场有望保持较高增速，并进入快车道发展阶段。

未来 5 ~ 10 年，区块链市场增长将呈现以下几个特点：

第一，应用场景将持续拓展。除了金融、供应链、内容产业等领域外，区块链技术还将渗透到医疗健康、教育培训、智慧城市等更多行业，与不同场景需求实现深度结合，为其提供解决方案；更多的创业公司将在具体应用场景中使用区块链技术进行业务创新与再造。

第二，传统企业将加速区块链技术应用，推动其产业链成熟。来自

Fortune 500 等的区块链专利申请量将继续增加；金融、物流、制造等行业的头部企业将率先在核心业务场景进行区块链技术试点与落地；区块链技术和服务提供商也将积累大量实际案例。

第三，随着算法、协议、接口等技术不断优化，区块链平台将推出更高性能的解决方案，如提高交易速度、降低交易成本等，支持大规模商业化应用的进行；区块链技术易用性将显著提升。

第四，监管环境会更加明确，政府也可能推出鼓励区块链创新的政策措施，这将为区块链产业健康发展创造良好氛围。

第五，随着应用场景扩大，区块链产业生态将不断完善。人才、研发、应用咨询等方面的专业服务会更加丰富，这将进一步降低企业应用门槛。

区块链市场发展还处于上升期，仍存在很大拓展空间。在技术、应用、政策等多方面趋势的推动下，未来 5 ~ 10 年区块链市场有望实现跨越式发展。关注区块链技术与产业发展趋势，把握机遇，将是企业和政府部门在新一轮科技革命和产业变革中取得先机的关键。

二、区块链应用于供应链管理展望

供应链管理是区块链技术的一个重要应用领域，其分布式账本和数据不可篡改特性，可以有效解决供应链过程中的信息不对称和信任缺失问题。德勒（Deloitte）的调研报告显示，74% 的供应链专业人士认为区块链技术对于提升供应链的透明度和可追溯性非常重要。

区块链可以为供应链上的各参与方建立统一的分布式信息平台，记录关键节点的数据，不同参与方根据权限许可可以查询或写入信息。这保证了供应链信息的真实性、透明性和可追溯性。

例如，在农产品供应链中的种植、加工、物流等每个环节写入区块链，并与物理产品绑定，实现了对农产品生产和流转全链路的可视化监控，通过扫码或其他手段可以查看每个产品的生产和流转细节，防止食品质量或生产信息造假。

再如，在跨境物流供应链中，区块链可以消除中间企业信任问题。提单、报关信息通过区块链共享，相关企业可以直接进行业务合作，降低合作成本，提高效率。

Deloitte 的调研表明，来自企业、技术提供商等的积极态度，有望使区块链在供应链管理市场中的应用得到快速增长。随着企业实践案例不断增加，区块链有望成为提升供应链管理的重要技术之一。

第一，区块链技术与物联网技术的融合正逐步展现出深远的影响，其在供应链领域的应用逐渐升级，致力于实现智能化的供应链管理。这一融合为传感器、执行器等智能设备的连接与数据流通提供了新的框架，形成了一个高效、安全、透明的信息互联系统，促使供应链的运营更加智能化。

第二，区块链技术的去中心化特性为物联网设备提供了一个分布式的数据交换平台，设备之间的数据可以通过区块链进行验证、记录和共享，而不需要经过传统的中心化中间商或服务器。这一特性极大地提升了数据的安全性和可信度，降低了数据篡改和信息泄露的风险，从而建立了一个更加安全的智能供应链网络。

第三，区块链技术为供应链的透明性提供了可行的解决方案。通过将供应链中的交易、物流信息等关键数据记录在区块链上，参与方可以实时、透明地追踪物流过程，确保供应链中每一个环节的合规性和流程的合理性。这不仅提高了整个供应链的可视性，也有助于发现其潜在问题并进行实时调整，从而提升了供应链的效率和质量。

总的来说，区块链技术与物联网技术的结合不仅为供应链管理带来了更高的安全性、透明性和智能化水平，也为实现供应链的优化和升级提供了新的路径。随着这一融合的不断深化，我们可以预见未来供应链将更加智能化、高效化，为企业和消费者提供更好的产品和服务。

具体来说，区块链在供应链管理领域的应用趋势主要有以下几个方向。

（一）智能响应系统

区块链技术与物联网技术的结合可以促进供应链的智能响应。在这种系统中，物联网设备通过传感器不断感知周围环境，并将数据上传到区块链网络，然后根据预设的智能合约，供应链可以自动触发一系列响应措施，如自动调整库存、自动重新安排物流路线等。这种智能响应系统可以大大提高供应链的灵活性和适应性，对市场变化、紧急情况等能够做出迅速反应。

（二）数字化

区块链与数字孪生、虚拟仿真等技术结合，实现了供应链深度数字化，优化了供应链管理决策。这种综合应用不仅可以提高供应链的可视性和效率，还使得供应链各环节更具适应性和智能性。

区块链技术的去中心化和不可篡改特性为供应链数字化提供了坚实的基础。第一，区块链通过将供应链各节点的数据交易、物流信息等关键数据以区块链的方式进行记录和共享，确保了数据的安全性和完整性。第二，数字孪生技术将现实世界中的实体与其在虚拟世界中的数字化模型相连接，使得供应链的各环节能够在虚拟环境中进行仿真和优化，从而更好地理解和应对在实际运营中的变化和挑战。

供应链深度数字化带来的高度可视性和数据分析能力，为供应链管理决策提供了强大的支持。第一，利用数字孪生和虚拟仿真技术，我们可以模拟供应链中的各种情境，快速反应不同变化对供应链的影响。[①] 第二，结合区块链的透明性，决策者可以更准确地了解供应链的实际状况，从而做出更合理、更及时的决策，包括库存管理、物流规划、生产调度等方面

---

① KONSTANTIN K，GEORGY L，GEORGE R，et al. Blockchain technology projects to provide telemedical services：systematic review.[J]. Journal of Medical Internet Research，2021，23（8）：e17475.

的决策，提高整体供应链的运营效率和响应能力。

这种融合还为供应链管理带来了更高的自动化和智能化水平。一方面，通过数字孪生和虚拟仿真技术的支持，供应链管理者可以构建智能化的预测模型和优化算法，使得供应链能够根据实时数据和情景自动做出调整。① 另一方面，区块链技术的安全性和智能合约功能也能够实现一定程度的自动化执行，进一步提高供应链的运行效率和资源利用率。

（三）降低接入门槛

轻节点等创新手段，可以提供更为便捷的应用模式，以降低新用户的接入门槛。这种改造对微小企业而言，尤其具有积极意义，因为它们在使用和部署区块链技术时，无须深度理解底层技术细节，使得区块链应用变得更加简单。随着这种便捷性的不断提升，区块链技术的覆盖面不断扩大，不仅在大型企业中得到应用，还广泛地服务于微小企业，推动了区块链技术的广泛应用和发展。这样的发展趋势有助于实现其更广泛的经济和社会价值，并进一步推动区块链技术的普及与智能化。

（四）增强隐私保护

通过采用先进的密码学技术，如零知识证明，可以在基于区块链技术的供应链系统中提升隐私保护水平，使得参与者的敏感信息得以保密。零知识证明允许一方证明自己拥有某种信息，而无须透露这些信息的实际内容，从而实现了信息的私密性和验证的可信度。在基于区块链技术的供应链系统中应用零知识证明等技术，不仅可以保护企业和个体的商业隐私，还可以增加交易的匿名性，减少信息泄露的风险。

然而，隐私保护与透明度之间的平衡也是至关重要的。区块链作为

---

① HOUSHYAR P H，MOHAMMED A R，FAKHRUL A，et al. IoT Big Data provenance scheme using blockchain on Hadoop ecosystem[J]. Journal of Big Data，2021，8（1）：1-26.

一个分布式共享账本，强调交易的不可篡改和公开透明，这在供应链领域有着重要的作用。因此，在加强隐私保护的同时，还需要确保系统的透明度和可追溯性。可以采取的措施有以下几种：一是确保只有授权的参与者才能访问特定数据；二是建立隐私权限管理机制；三是通过区块链中的合适措施，确保数据的合法性和一致性，从而实现隐私与透明度之间的平衡。

（五）供应链金融

区块链技术为供应链金融带来新的可能。所谓供应链金融，是指利用核心企业的贸易背书，以核心企业的信用为基础，为上下游中小企业参与方提供融资服务，以帮助中小企业获得更低成本的流动资金支持。

首先，区块链通过构建分布式的可信信息平台，可有效解决供应链金融面临的信息不对称和高交易成本问题。核心企业与中小企业可在区块链系统中共享商业背书、贸易流水等数据，金融机构根据这些可验证信息进行精准融资。

其次，区块链系统可以预先编程多方之间的合同条款，实现融资申请、审批放款等流程的自动触发执行，降低了审批成本和资金到位时间。

最后，区块链公开透明的账本，可以确保每笔资金的使用与还款都有迹可循，保障各方权益，提高了融资的合规性。

区块链技术有助于解决当前供应链金融面临的痛点，实现精准融资与合规化管理，支持供应链业态优化升级，是区块链赋能供应链管理的重要创新方向之一。随着实践不断深入，"区块链＋供应链金融"有望成为重要的应用场景。

（六）增强互操作性

区块链系统互操作性是指不同的区块链系统或网络能够实现信息交换、资产转移等互通互动，这在跨区块链的复杂供应链场景中具有重要意义。

具体来说，通过定义通用标准、开发兼容接口等方式，可以连接处于不同区块链上的供应链参与方，实现系统间互操作，有助于打破信息孤岛，从而在更大的范围内展开供应链协作。如果上游供应商和下游物流服务商分别使用不同的区块链系统，互操作性就可以支持两者直接进行产品交付、支付等操作，无须通过中间企业，可以降低协作成本。

从长远来看，基于供应链技术的系统的互操作性，有利于形成统一开放的供应链信息基础平台，类似于互联网的网络协议规范，连接不同区块链网络，支持供应链数据和价值的互联互通。这将极大地提高供应链管理的效率、降低合作成本，也为供应链提供了更高的组织弹性，促进供应链协同和优化。因此，推动区块链系统互操作性是供应链数字化转型的重要一环。

三、区块链经济驱动供应链协同发展

（一）用区块链经济驱动产业链发展

第一，利用"互联网＋"技术，聚合产业要素配置，促进劳动、技术、资本、土地等生产要素的配置，进行弹性供给。第二，通过"互联网＋"技术，企业可以与消费平台建立联系，更加精准地了解消费需求，解决企业因为需求不准确而造成的产能过剩情况。[①] 具体来说，企业可以通过网络电商平台来直接与消费者建立联系，特别是农业方面，以互联网平台和区块链技术为依托，对农产品进行网络宣传销售，形成具有当地特色的数字农业产业链。在区块链经济推动下，各类信息的获取和主体之间的联系将更加紧密，从而驱动产业链的发展。

---

① EMNA M，KHAIREDDINE M，ANIS J. Blockchain technology awareness on social media：insights from twitter analytics[J]. The Journal of High Technology Management Research，2021，32（2）：100416.

（二）用区块链经济推动供应链发展

一个完整的供应链包含了多个供应链成员的复杂功能网络结构，这一结构造成了供应链成员之间的信息共享性差、信息失真等问题，如"牛鞭效应"就是由信息失真造成的需求被逐级放大的现象。同时，这样一个庞大复杂的网络系统在运作的时候，如何协调各成员之间的关系、怎么去规划供应链中的运输路线都是亟须解决的问题。

其一，数字技术中的区块链是一个共享数据库，存储于其中的数据或信息，具有不可伪造、全程留痕、可以追溯、公开透明、集体维护等特征。同时，区块链还具有去中心化、开放性、独立性和安全性等特征，利用这些特性可以很好地解决供应链中的信息流通困难、信息共享程度不高的问题。其二，利用区块链技术，成员之间可以实现信息共享，同时能节省供应链成本，保证供应链中的信息安全。其三，利用云计算可以根据数据信息科学合理地优化运输路线，节约供应链中各企业的物流成本。其四，通过"上云"可以将供应链的成员紧密联系起来，实现与客户、供应商的广泛连接，增加供应链的稳定性，提升供应链的协调。其五，借助"上云"可以将企业流程由内部延伸到整个产业链，建立更全面的端到端流程，用供应链去推动产业链的发展。

（三）用区块链经济提升价值链

价值链由不同的价值主体构成，将研发、生产、销售、售后、循环等一系列价值创造活动集合起来，包括价值发现、价值创造、价值实现、价值传递、价值增值等环节。[①] 区块链技术为价值链的转型、整合和跃迁提供了动力。用区块链经济提升价值链实际就是实现价值链跃迁的过程，

① PRIYANKA B C，VIMAL K，TZU-CHUEN L，et al. Technology convergence assessment：Case of blockchain within the IR 4.0 platform[J]. Technology in Society，2021，67：101709.

用数字化价值链的转型去推动产品价值提升，并且随着"微笑曲线"的提升，新产品的市场竞争能力、产品成本和质量、客户关系、市场进入渠道和成本、企业获利能力等因素都会发生变化。依托于经济发展新局势的产品价值体系也会随时代进行转变，而以往的制造核心也将转为使用价值的核心。所以在制造业中，价值本身也会产生服务态势的倾向性。

参考文献

[1] 付少庆，胡曙光．区块链经济模型 [M]．北京：北京理工大学出版社，2022．

[2] 王焕然，常晓磊，魏凯．区块链社会 [M]．北京：机械工业出版社，2020．

[3] 林永民，吕震宇．区块链与商业模式创新 [M]．哈尔滨：哈尔滨工程大学
出版社，2022．

[4] 张立．区块链：构建数字经济新世界 [M]．北京：中国科学技术出版社，
2021．

[5] 王迎帅．区块链金融 [M]．北京：中国铁道出版社，2020．

[6] 谈毅．区块链 + 实体经济应用 [M]．北京：中国商业出版社，2019．

[7] 聂玉声．区块链与数字经济时代 [M]．天津：天津人民出版社，2019．

[8] 胡宁玉，邸东泉．人工智能与区块链原理及应用研究 [M]．天津：天津科
学技术出版社，2022．

[9] 晏海水，齐建蒙，武艳芬．区块链技术与产业融合发展应用 [M]．汕头：
汕头大学出版社，2022．

[10] 沈杰顺．区块链的未来：新技术的"希望"还是"泡沫" [M]．何明，邹明
光，译．南京：东南大学出版社，2021．

[11] 佛朗哥．区块链与数字金融革命 [M]．高攀，译．南京：江苏人民出版社，
2020．

[12] 韦巴赫．区块链与信任新架构 [M]．北京：机械工业出版社，2020．

[13] 袁煜明．区块链技术进阶指南 [M]．北京：机械工业出版社，2021．

[14] 颜阳，王斌，邹均，等．区块链 + 赋能数字经济 [M]．北京：机械工业出
版社，2018．

[15] 薛雯心.基于区块链技术下的供应链金融模式创新研究：以蚂蚁集团蚂蚁链为例[D].保定：河北金融学院，2023.

[16] 黄鹏飞.区块链存储可扩展技术及其应用研究[D].广州：广州大学，2023.

[17] 邢瀚文.基于区块链技术的供应链金融问题研究[D].长春：中共吉林省委党校（吉林省行政学院），2023.

[18] 杨淞麟.区块链技术应用的法理解构与规范进路[D].长春：吉林大学，2023.

[19] 向宴颉.基于区块链的分布式身份管理机制的研究[D].绵阳：西南科技大学，2023.

[20] 周文辉.基于区块链的溯源关键技术研究与应用[D].郑州：郑州轻工业大学，2023.

[21] 赵卓源.S银行的区块链供应链金融业务管理优化研究[D].杭州：浙江工商大学，2023.

[22] 张亚兵.基于多链的区块链数字身份主权模型研究[D].重庆：重庆大学，2022.

[23] 王喜悦.数字身份隐私的网络伦理问题研究[D].天津：天津大学，2020.

[24] 王喆.基于区块链的数字身份管理系统设计与实现[D].南京：东南大学，2020.

[25] 翁启.一种基于区块链的数字身份认证方案[D].西安：西安电子科技大学，2019.

[26] 余宇新，李煜鑫.区块链技术促进数字文化产业高质量发展的机制[J].上海经济研究，2023（8）：32-41.

[27] 赵静.基于区块链技术及数据挖掘技术推进数字经济发展[J].科技资讯，2023，21（15）：36-39.

[28] 张莉.基于"区块链+大数据"的数字经济发展路径研究：以温州市为例[J].中国集体经济，2023（23）：20-23.

[29] 夏黑讯，袁爱香.技术赋能反垄断：区块链反垄断纾数字经济监管之困

[J]. 科学·经济·社会，2023，41（3）：76–88.

[30] 李谨文. 数字经济时代下企业治理的范式创新与实践研究 [J]. 商展经济，
2023（10）：161–164.

[31] 邓桂连. 数字经济贸易下区块链＋供应链金融发展模式探讨 [J]. 上海商业，
2023（4）：97–99.

[32] 唐任伍，范烁杰，史晓雯. 区块链赋能共同富裕实现的技术支撑、价值
内涵与策略选择 [J]. 改革，2023（3）：1–14.

[33] 韩冬雪，符越. 区块链赋能数字经济高质量发展的理论意蕴和实践路径
探索 [J]. 企业经济，2023，42（3）：92–99.

[34] 王智博，郑祥旭，陆凯. 数字经济背景下企业区块链＋财务风险预警研
究 [J]. 黑龙江科学，2022，13（22）：115–117.

[35] 孙婉云. 基于"区块链＋人工智能"的省域数字经济发展路径研究 [J]. 商
场现代化，2022（21）：123–125.

[36] 沈伟. 数字经济时代的区块链金融监管：现状、风险与应对 [J]. 人民论
坛·学术前沿，2022（18）：52–69.

[37] 袁澍清，王刚. 区块链技术与数据挖掘技术对数字经济发展的推动作用
研究 [J]. 西安财经大学学报，2022，35（4）：54–64.

[38] 刘腾飞，王艳红，李昭涵，等. 区块链技术在数字身份中的应用展望 [J].
现代工业经济和信息化，2022，12（7）：166–168，171.

[39] 李鸣，张亮，宋文鹏，等. 区块链：元宇宙的核心基础设施 [J]. 计算机工
程，2022，48（6）：24–32，41.

[40] 鲍烨童. "区块链＋新业态"，赋能数字经济发展 [J]. 中关村，2022（5）：
62–64.

[41] 刘权，林乐. 区块链赋能数字经济发展 [J]. 数字经济，2022（3）：60–68.

[42] 高明华. 数字经济背景下"区块链＋供应链金融"创新模式研究 [J]. 全国
流通经济，2022（8）：113–116.

[43] 高明华. "区块链＋供应链金融"创新模式：理论框架与案例分析 [J]. 商
场现代化，2022（4）：180–182.

[44] 张帆，邹蕾.区块链技术助推数字经济发展研究[J].现代工业经济和信息化，2022，12（1）：8-10，34.

[45] 丁晓蔚.从互联网金融到数字金融：发展态势、特征与理念[J].南京大学学报（哲学·人文科学·社会科学），2021，58（6）：28-44，162.

[46] 李孟军，乔静静，安志勇.数字经济下"区块链＋供应链金融"发展模式探讨[J].质量与市场，2021（20）：145-147.

[47] 廖锐.区块链促进数字经济高质量发展研究[J].合作经济与科技，2021（15）：19-21.

[48] 张致远，陈宝利.基于"区块链＋大数据"视角下的数字经济发展新路径[J].贵阳学院学报（社会科学版），2021，16（2）：48-54.

[49] 邹漩，陆红娟.新时代下我国区块链技术发展研究综述[J].江苏科技信息，2021，38（3）：1-4.

[50] 袁煜明，王蕊，张海东."区块链＋数字孪生"的技术优势与应用前景[J].东北财经大学学报，2020（6）：76-85.

[51] 易宪容，于伟，陈颖颖.区块链的基础理论问题：基于现代经济学的一般性分析[J].江海学刊，2020（1）：79-87，254.

[52] 朱纪伟.区块链：数字金融的基石[J].信息化建设，2019（7）：56.

[53] 肖风.区块链如何赋能数字经济[J].信息化建设，2019（6）：32-33.

[54] 张一锋.区块链：建构数字世界的新工具[J].信息化建设，2018（11）：37-39.

[55] 黄庆安，黄文波.加密货币价格波动的影响因素及关联性：来自以太坊和比特币的证据[J].福建论坛（人文社会科学版），2023（3）：187-200.

[56] 张蓓，张晓艳，张文婷.稳定币发展现状与潜在宏观政策挑战[J].国际经济评论，2023（2）：5-6，66-84.

[57] 周志翔，朱一飞，吴华清.数字加密货币运行研究综述[J].金融发展，2022（2）：128-140.

[58] 王艳丽，毕司睿.加密货币对新兴经济体的利弊探讨：以跨国汇款为例[J].金融理论与教学，2022（4）：85-89.

[59] 胡健，邓志娟 . 一种基于知识发现的拓展型竞争情报系统 [J]. 计算机与现代化，2008（12）：58–62.

[60] 邓志娟 .EDA 电子仿真技术及其 FPGA 步进电机细分驱动控制设计 [J]. 科技广场，2008（8）：201–203.

[61] 胡健，邓志娟，杨炳儒 . 一种新型简单图社区结构发现算法 [J]. 计算机工程与应用，2009，45（25）：148–150.

[62] DENG Z J，ZHONG S J. Dynamic information management and control methods based on visual simulation for water–power engineering of Nanchang Bonded Logistics park[C]// Third International Symposium on Information Science and Engineering，2011：485–488.

[63] DENG Z J，ZHONG S J. A ranking method of webpage retrieval results based on web comprehending[J]. Journal of Networks，2011，6（12）：1690–1696.

[64] DENG Z J，ZHONG S J. A kind of text classification design on the basis of natural language processing[J].International Journal of Advancements in Computing Technology，2013，5（1）：668–677.

[65] DENG Z J，ZHONG S J. Add–image–feature image Encryption algorithm based on Chaos[J]. International Journal of Digital Content Technology and its Applications，2013，7（6）：382–390.

[66] DENG Z J，ZHONG S J. A kind of design of knapsack public key cryptosystem based on chaotic system[J].UPB Scientific Bulletin，Series C：Electrical Engineering and Computer Science，2019，81（2）：165–176.

[67] DENG Z J，ZHONG S J. A Digital Image encryption algorithm based on chaotic mapping[J]. Journal of Alogrithms & Computational Technology，2019，13：1–11.

[68] ZHONG S J，DENG Z J. Model design of information security monitoring system of Nanchang Bonded Logistics park[C]. Shanghai：2010 Third International Symposium on Information Science and Engineering，2010.

[69] ZHONG S J，DENG Z J. A distributed Web crawler design[C]//China Artificial Intelligence Society intelligent Digital Content Security Professional Committee.

Proceedings of 2010 Asia-Pacific Conference on Information Network and Digital Content Security (2010APCID). WuHan: Scientific Research Publishing, 2010: 333-337.

[70] ZHONG S J, DENG Z J. A method of the inverted index establishment and dynamic update[C]//China Institute of Communications.Proceedings of 2011 Asia-Pacific Youth Conference on Communication (2011APYCC). WuHan: Scientific Research Publishing, 2011, 1: 264-268.

[71] ZHONG S J, SHANG M, DENG Z J. A design of the inverted index based on Web document comprehending[J]. Journal of Computers, 2011, 6 (4): 664-670.

[72] ZHONG S J, DENG Z J. A Web crawler system design based on distributed technology[J]. Journal of Networks, 2011, 6 (12): 1682-1689.

[73] EMNA M, KHAIREDDINE M, ANIS J. Blockchain technology awareness on social media: Insights from twitter analytics[J]. The Journal of High Technology Management Research, 2021, 32 (2): 100416.

[74] PRIYANKA B C, VIMAL K, TZU-CHUEN L, et al. Technology convergence assessment: Case of blockchain within the IR 4.0 platform[J]. Technology in Society, 2021, 67.

[75] KONSTANTIN K, GEORGY L, GEORGE R, et al. Blockchain technology projects to provide telemedical services: systematic review[J]. Journal of medical Internet Research, 2021, 23 (8): e17475.

[76] BAASHAR Y, ALKAWSI G, ALKAHTANI A A, et al.Toward blockchain technology in the energy environment[J].Sustainability, 2021, 13 (16): 9008.